혼자서도 연주하기 쉬운

스튜디오 지브리

하모니카 연주곡집

홍승희, 윤문선 공저

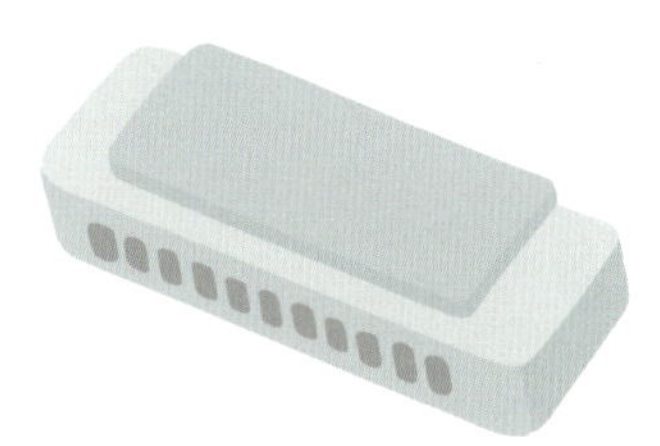

태림스코어

머리말

하모니카는 배우기가 쉽고 휴대가 간편하며 어른들에게 향수를 불러일으키는 친근한 악기입니다. 또한 대중적이고 동요, 가요, 트로트, 팝, 재즈, 클래식 등 다양한 장르의 곡을 연주할 수 있어 많은 사람들에게 사랑받는 악기 중 하나입니다. 하모니카는 특히 차분하고 서정적인 지브리의 곡들과 음색이 잘 어울려서 많이 연주되고 있습니다. 이 책은 하모니카 음역대에 맞는 연주 가능한 곡들을 모아서 하모니카를 처음 배우는 사람도 재미있게 연주할 수 있도록 최대한 쉽게 원곡의 느낌을 살리면서 편곡해 지브리 음악을 좋아하는 사람은 직접 연주하는 기쁨을 만끽할 수 있을 것입니다. 하모니카를 사랑하는 사람과 함께 아름다운 선율의 지브리 곡을 같이 연주한다면 이보다 더 행복할 수는 없을 것 같습니다. 이 책을 출간하기까지 고생하신 태림스코어 관계자분들께 감사의 말씀 드립니다.

홍승희, 윤문선

차 례

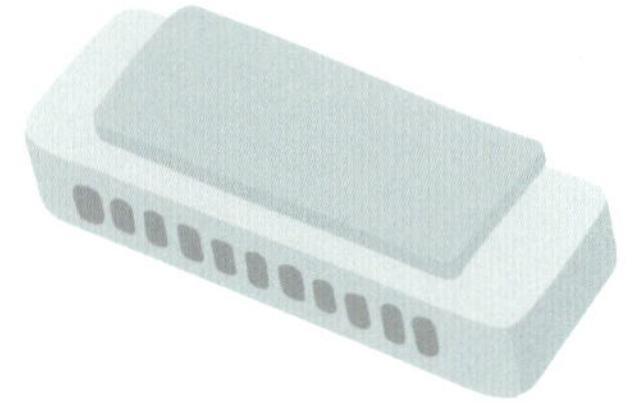

Part 2

하모니카 연주

Part 1

하모니카에
대해

하모니카 유래

하모니카는 기원전 3000년경 중국의 솅(Sheng)이라고 부르는 관악기에서 그 유래를 찾을 수 있습니다. 솅은 우리나라 고려시대(예종 9년)에 중국 북송으로부터 '생황'이라는 이름으로 들어왔습니다. 가느다란 대나무 관들이 통에 둥글게 박혀있으며, 통 가운데 입김을 불어 넣는 부리 모양의 취구가 달려있어 숨을 들이쉬고 내쉴 때마다 쇠붙이로 된 리드(Reed)가 떨려 소리가 납니다. 18세기경 이탈리아의 동양 여행가인 마르코 폴로(Marco Polo)가 이 악기를 유럽에 처음 소개 했으며, 이후 더욱 진화되어 오르간, 아코디언, 색소폰, 하모니카 등이 만들어졌다고 합니다.

하모니카 종류

1) 복음 하모니카(Tremolo Harmonica)

동양권에서 널리 사용되는 악기이며, 일반적으로 많이 사용됩니다. 위 아래 구멍에 두 개의 리드(떨림판)가 동시에 울려 부드럽고 풍성한 소리가 납니다. 장음계(Major)와 단음계(minor)로 나뉘어져 있어 필요한 화성을 구성할 수 있고, 다양한 주법을 사용하여 화려한 연주를 할 수 있습니다.

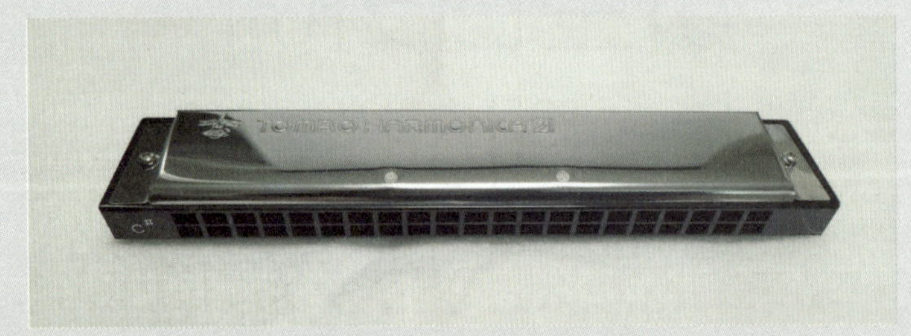

음 배열과 음역 (24홀)

2) 크로매틱 하모니카(Chromatic Harmonica)

한 홀에 네 개의 음을 내며, 연주 시 깔끔한 공명과 호흡을 위해서 한 개의 리드만이 울리도록 리드 하나하나에 윈드 세이버(Wind Saver)가 있습니다. 오른쪽에 레버가 있어서 온음과 반음을 빠르고 쉽게 바꿔줌으로 모든 음계를 하나의 하모니카로 연주 할 수 있습니다.

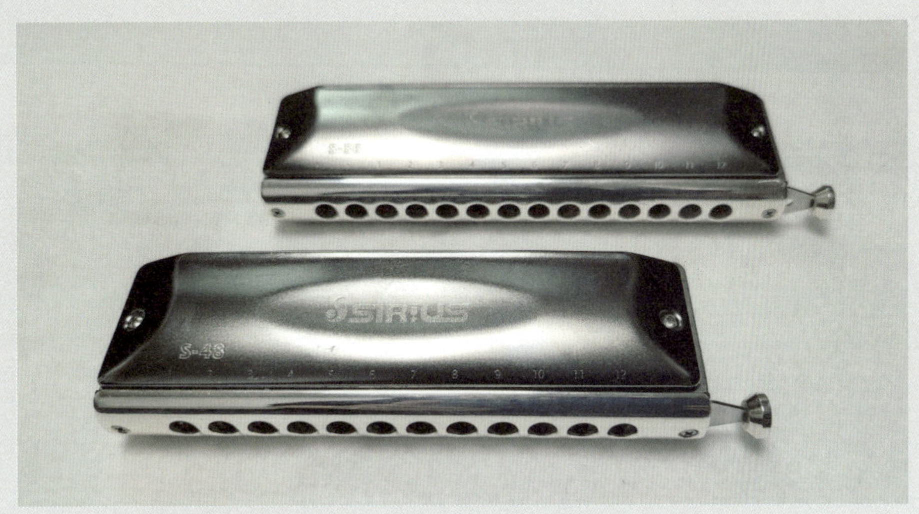

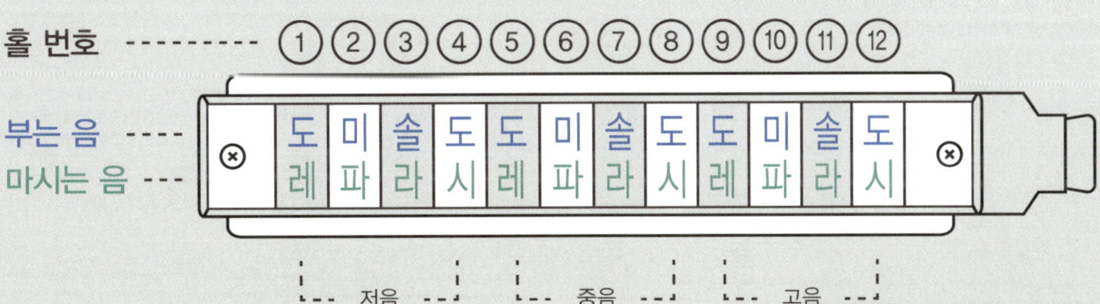

음 배열과 음역 (12홀)

3) 다이아토닉 하모니카(Diatonic Harmonica)

블루스 하프라고도 불리며 온음배열의 단음 하모니카입니다. 저음에는 파(F)와 라(A)가 없고, 고음에는 시(B)가 없어서 오버 블로우(Over Blow)와 오버 드로우(Over Draw) 주법을 사용해 반음을 만들어 연주하는 것이 큰 특징이며, 밴딩 주법으로 미세한 음정변화와 음색차이를 만들 수 있습니다. 재즈와 컨트리 팝 등에 즐겨 사용됩니다.

3

하모니카 잡는 방법

가벼운 악기이므로 손이나 팔에 악기를 놓치지 않을 정도의 힘으로만 잡아줍니다. 양손 엄지손가락으로 하모니카의 양쪽 끝을 잡고 집게손가락을 하모니카 윗면에 직각으로 놓아 왼손 가운데 손가락으로 뒷면을 지탱합니다. 또한 팔꿈치를 너무 벌리거나 붙이지 않도록 하며 자연스럽고 편안한 자세를 취합니다. 하모니카는 건반악기와 마찬가지로 왼쪽은 낮은 음, 오른쪽은 높은 음이 나도록 잡습니다.

1) 중음 숫자보

1, 2, 3, 4, 5, 6, 7로 표시합니다.

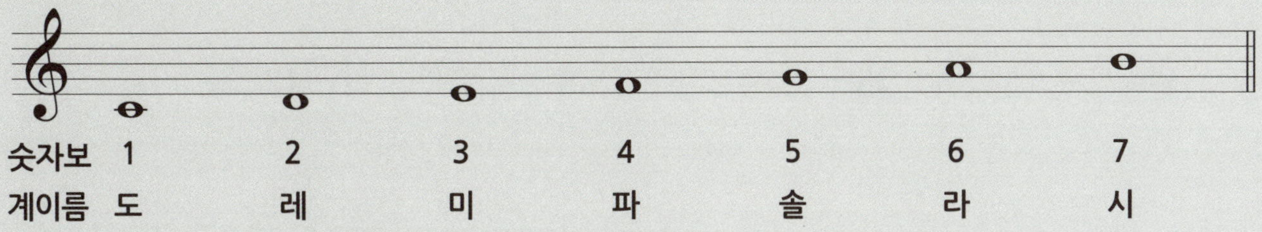

2) 고음 숫자보

한 옥타브 위의 음은 숫자 위에 점을 한 개 찍어 $\dot{1}$ $\dot{2}$ $\dot{3}$ $\dot{4}$ $\dot{5}$ $\dot{6}$ $\dot{7}$로 표시하고, 두 옥타브 위의 음은 숫자 위에 점을 두 개 찍어 $\ddot{1}$ $\ddot{2}$ $\ddot{3}$로 표시합니다.

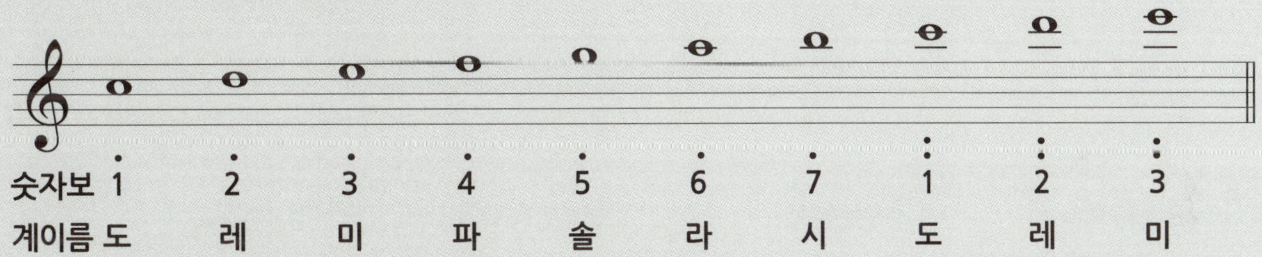

3) 저음 숫자보

한 옥타브 아래의 음은 숫자 밑에 점을 한 개 찍어 $\underset{.}{1}$ $\underset{.}{2}$ $\underset{.}{3}$ $\underset{.}{4}$ $\underset{.}{5}$ $\underset{.}{6}$ $\underset{.}{7}$로 표시하고, 두 옥타브 아래의 음은 숫자 밑에 점을 두 개 찍어 $\underset{:}{1}$ $\underset{:}{7}$ $\underset{:}{6}$ $\underset{:}{5}$로 표시합니다.

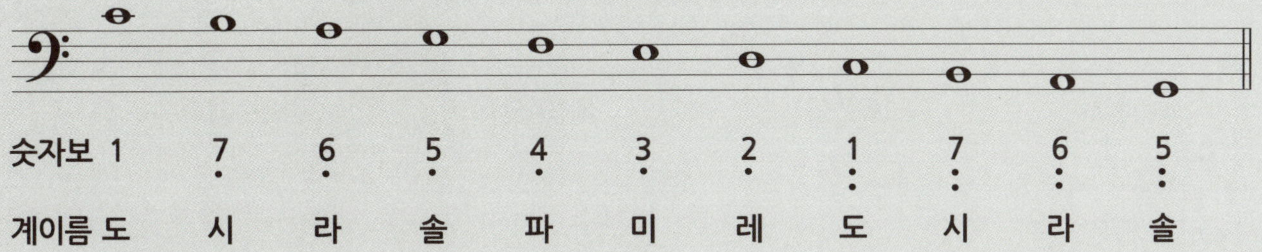

하모니카 악보 읽는 방법

온음표
점2분음표
2분음표
4분음표
1 - - -
1 - -
1 -
1
4박
3박
2박
1박

온쉼표
점2분쉼표
2분쉼표
4분쉼표
0 - - -
0 - -
0 -
0

8분음표
16분음표
점4분음표
점8분음표
1박
1박
1박 반
3박 반

8분쉼표
16분쉼표
점4분쉼표
점8분쉼표
0
0
0·
0·

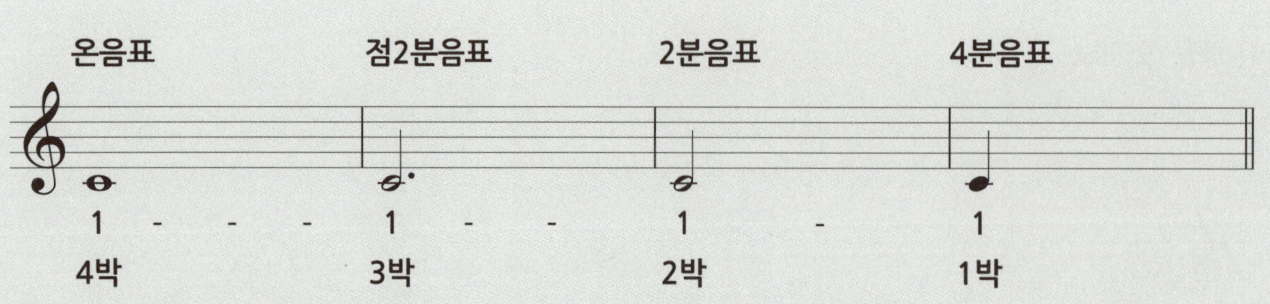

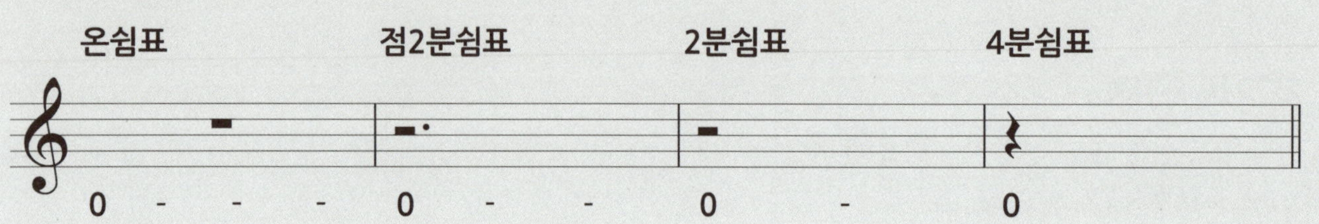

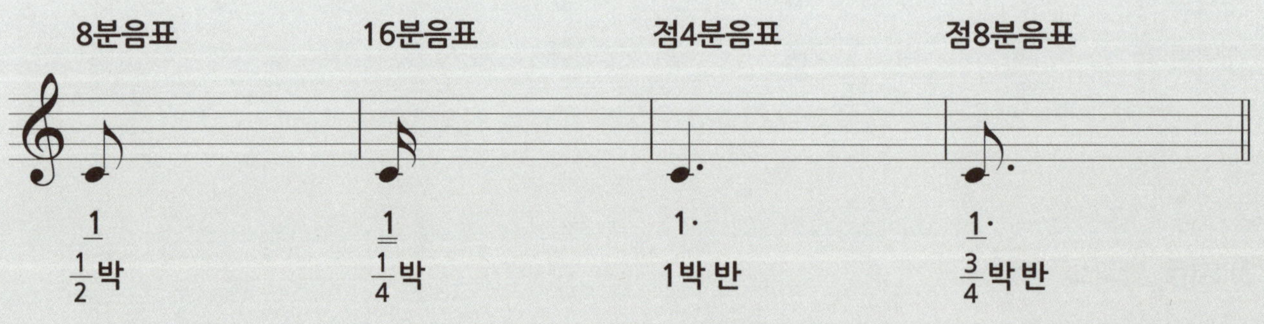

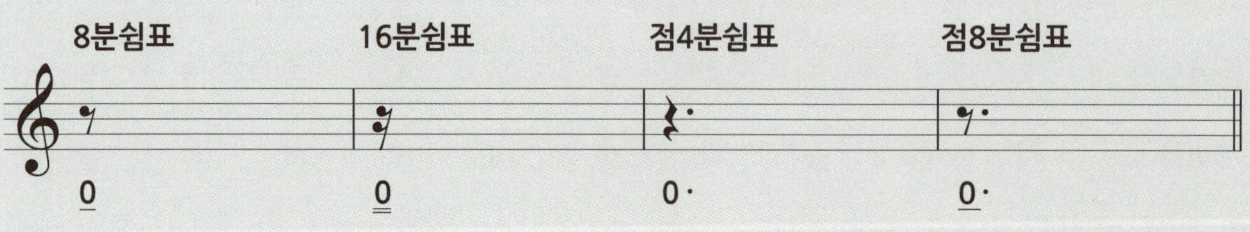

1) 도돌이표(Repeat Mark)

악보 전체 또는 특정 부분을 되풀이해서 연주하는 표시입니다.

연주순서 : A – B – C – D – A – B – C – D

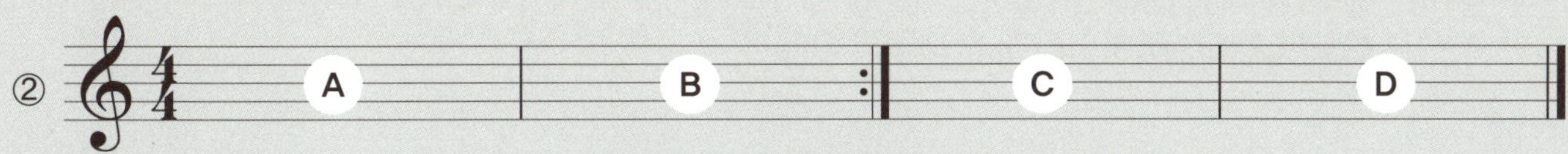

연주순서 : A – B – A – B – C – D

연주순서 : A – B – A – C – D

2) *D.C.* (*Da Capo*, 다 카포)

D.C.까지 연주 후 다시 처음으로 돌아가 ***Fine***(피네)까지 연주합니다.

연주순서 : A – B – C – D – E – F – A – B – C

3) *D.S.*(*Dal Segno*, 달 세뇨)

𝄋(세뇨)로 돌아가 *Fine*(피네)까지 연주합니다.

4) *Coda*(⊕, 코다)

D.C.(다 카포)나 *D.S.*(달 세뇨)로 반복 연주할 때 '⊕–⊕' 구간을 생략해서 연주합니다. 코다를 사용하여 연주할 때는 *D.C. al Coda*, *D.S. al Coda*로 표기합니다.

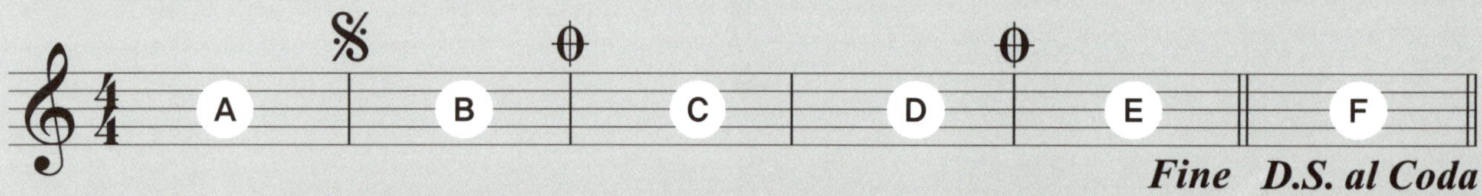

7

하모니카 관리

1) 하모니카 연주 전

손을 잘 닦고 물로 입안을 헹굽니다. 두 손으로 하모니카를 감싸 안아 따뜻하게 해줍니다.

2) 하모니카 연주 중

침이 고이거나 이물질이 묻으면 소리가 떨리거나 잘 나지 않습니다. 수시로 가볍게 손바닥에 두들기거나 흔들어서 침을 제거해야 합니다.

3) 하모니카 연주 후

침을 모두 제거한 뒤 취구를 면봉이나 헝겊으로 닦고, 케이스에 넣어 바람이 잘 통하고 그늘진 곳에서 자연스럽게 말려줍니다.

하모니카 수리

너무 세게 불거나 마시면 리드가 손상되어 음정이 변하는데 리드를 줄로 갈아서 음의 높낮이를 조절합니다. 높일 때는 리드의 바깥쪽을, 낮출 때는 안쪽을 갈아줍니다. 손상 정도가 심하면 전문가나 악기회사에 수리를 의뢰하는 것이 좋습니다.

Part 2

하모니카
연주

즐거운 나의 집

〈반딧불이의 묘〉 OST

Henry Bishop 작곡

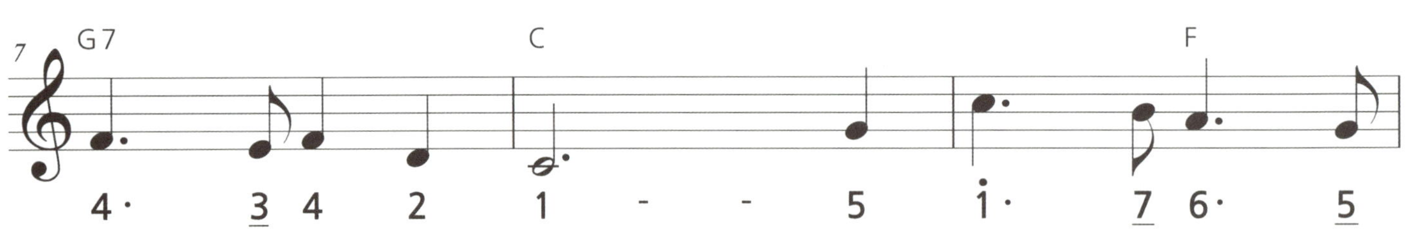

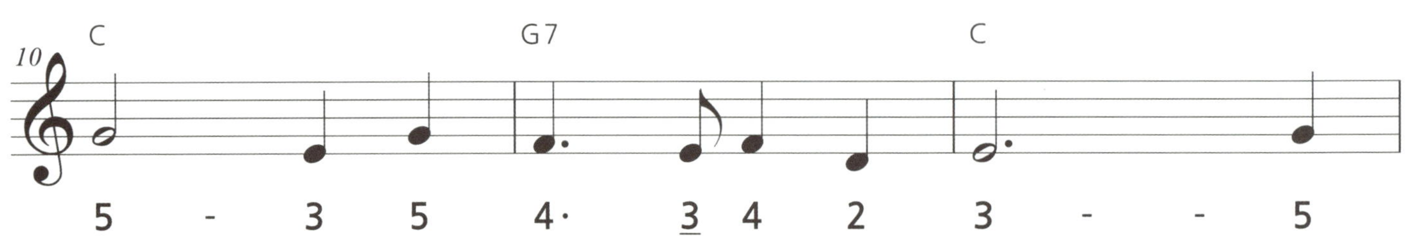

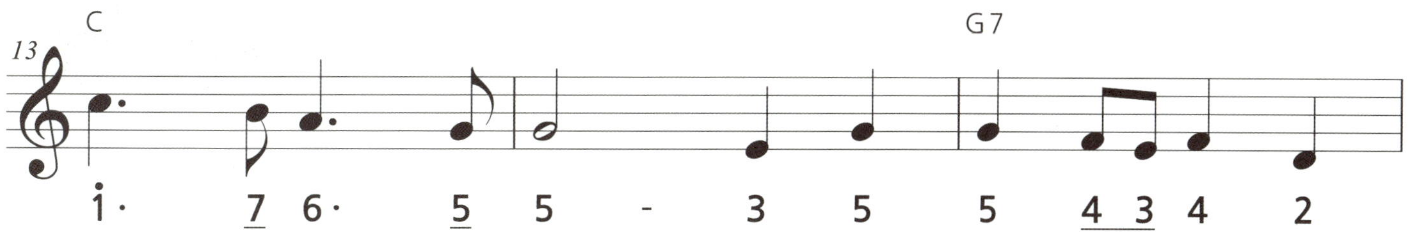

13
C
G7
1· 7 6· 5 5 - 3 5 5 4 3 4 2

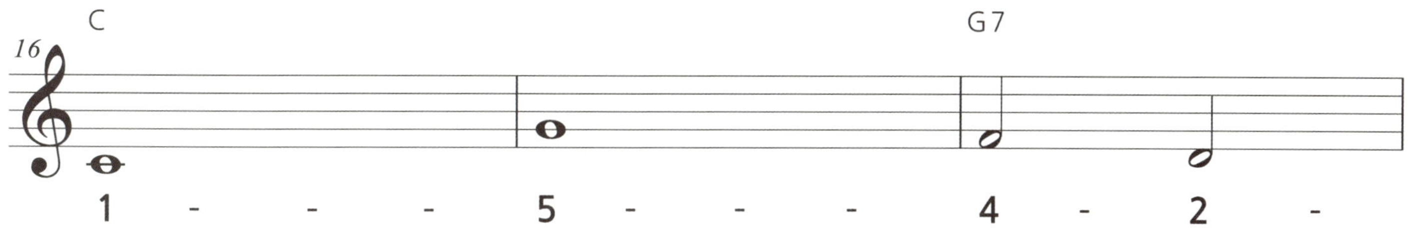

16
C
G7
1 - - - 5 - - - 4 2 -

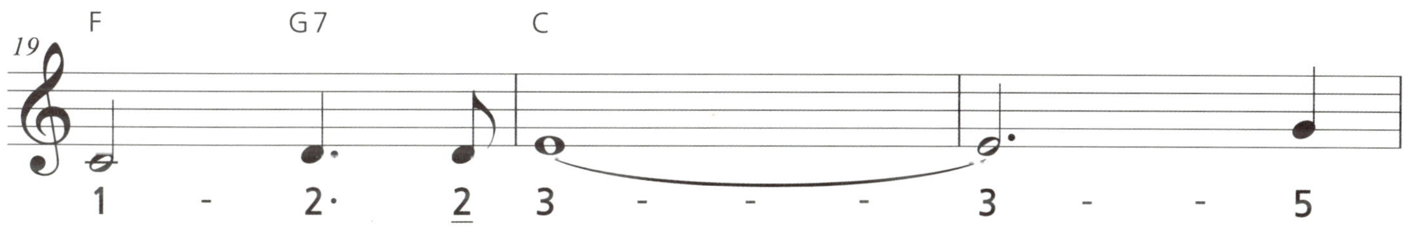

19
F
G7
C
1 - 2· 2 3 - - - 3 - 5

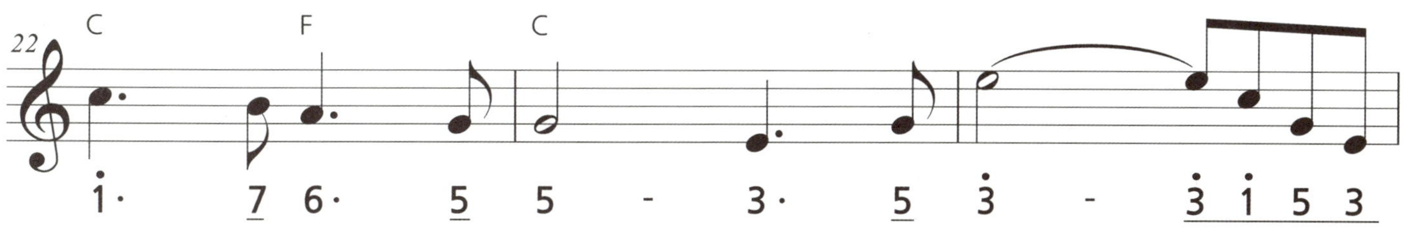

22
C
F
C
1· 7 6· 5 5 - 3· 5 3 - 3 1 5 3

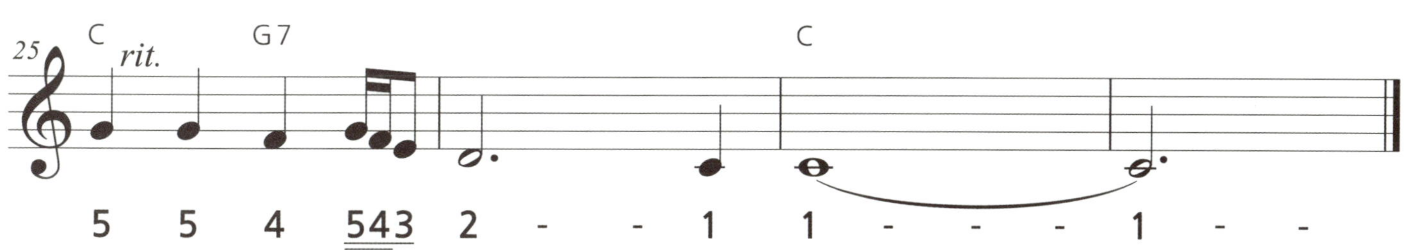

25
C rit.
G7
C
5 5 4 543 2 - - 1 1 - - 1 - -

이별의 여름

〈코쿠리코 언덕에서〉 OST

Koichi Sakata 작곡

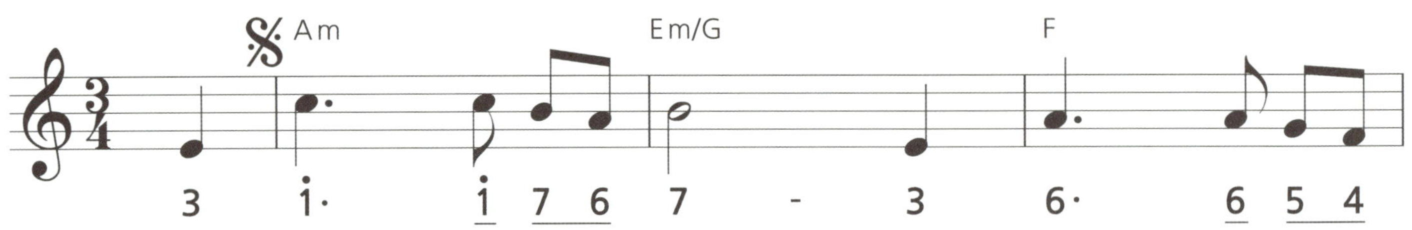

NO COPY

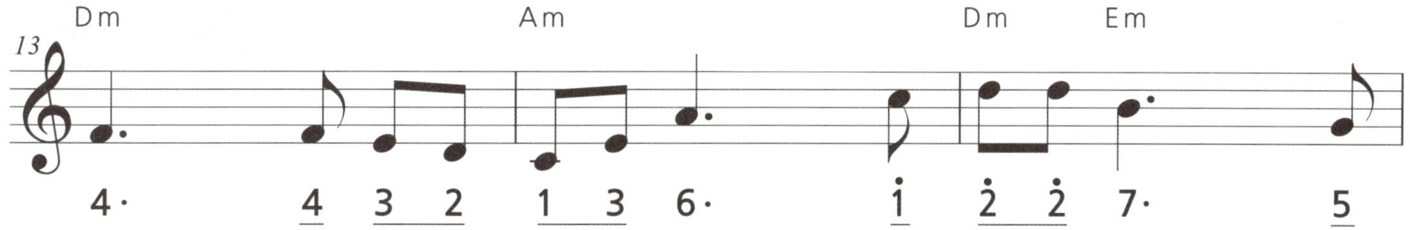

13
Dm   Am   Dm   Em
4·   4 3 2   1 3 6·   1̣ 2̣ 2̣ 7·   5

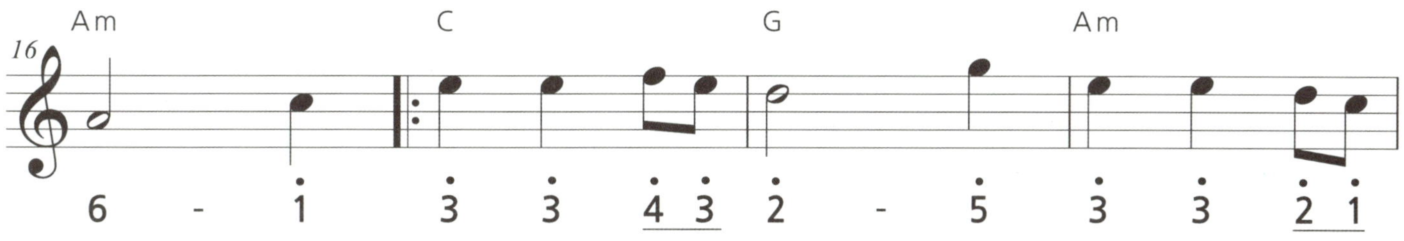

16
Am   C   G   Am
6 -   1   3   3   4 3 2 - 5   3   3   2̇ 1̇

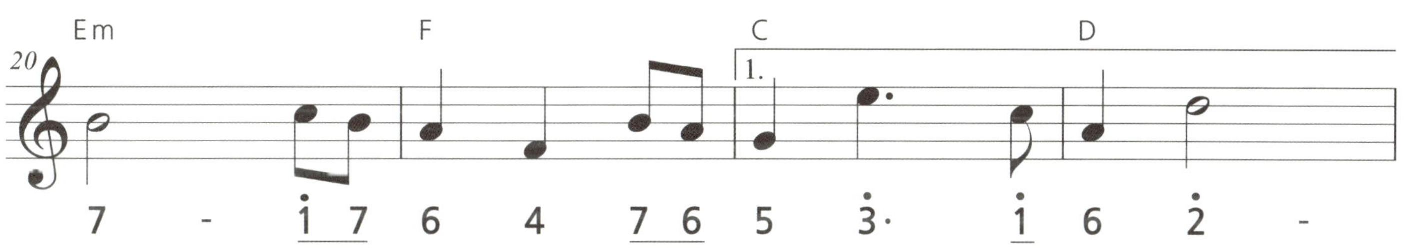

20
Em   F   C   D
7 - 1̇ 7 6   4   7 6 5   3̇· 1̇ 6 2̇ -
1.

24
G7   C   F E   E7
7 - 5   5 5·   2̇ 3̇ - 7 5 2̇ - 3
2.
D.S. al Coda

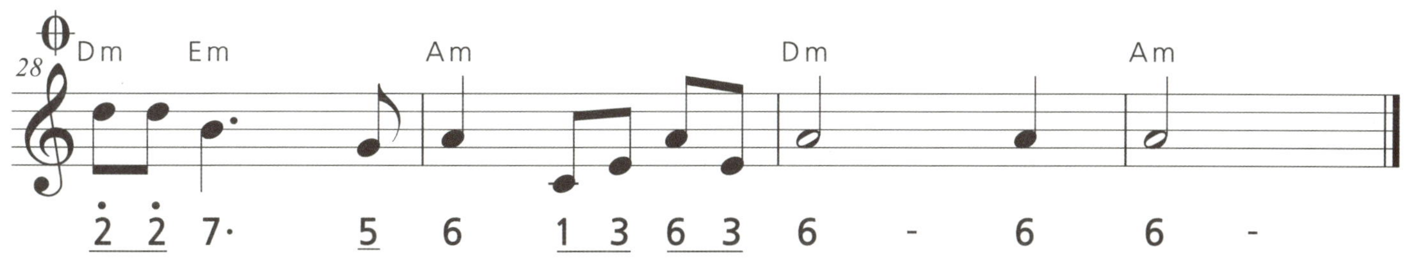

28
Dm   Em   Am   Dm   Am
2̣ 2̣ 7·   5 6   1 3 6 3 6 - 6   6 -

언제나 몇 번이라도

〈센과 치히로의 행방불명〉 OST

Kimura Yumi 작곡

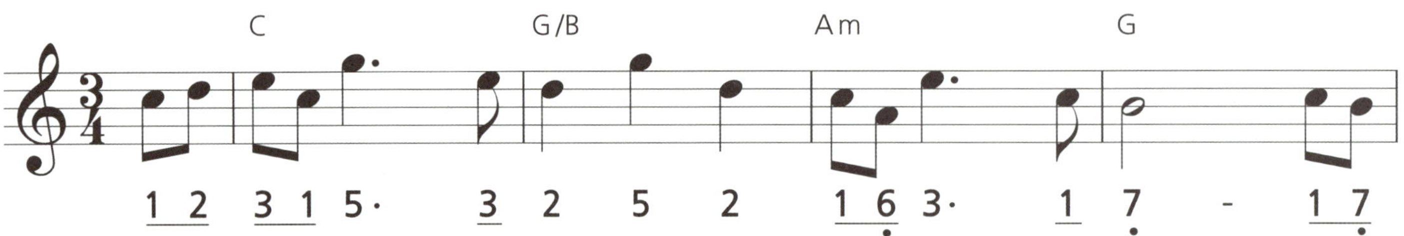

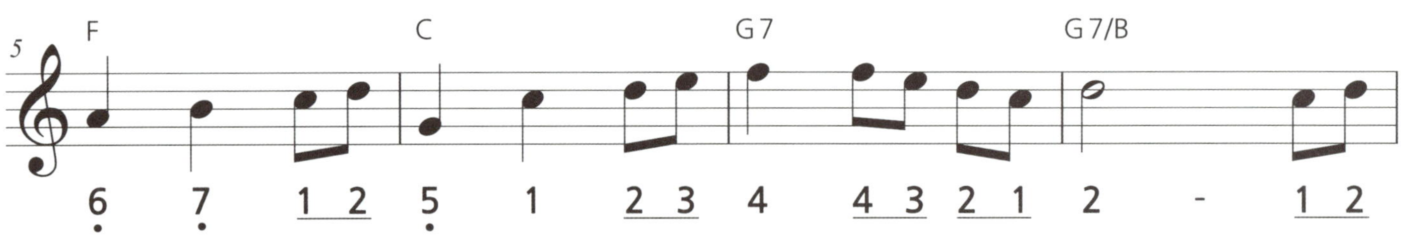

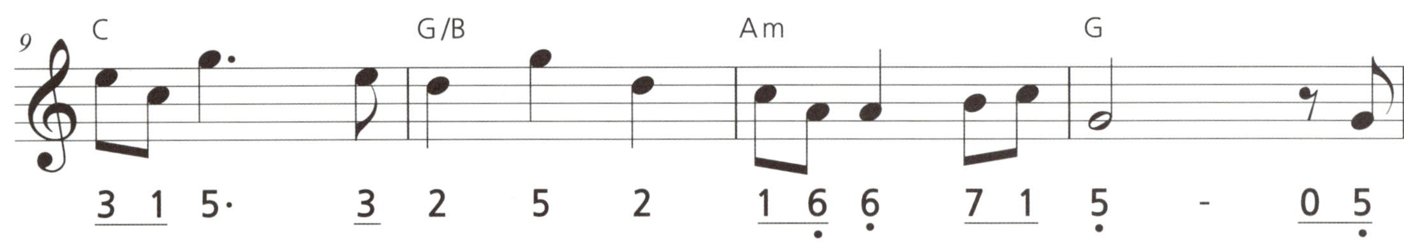

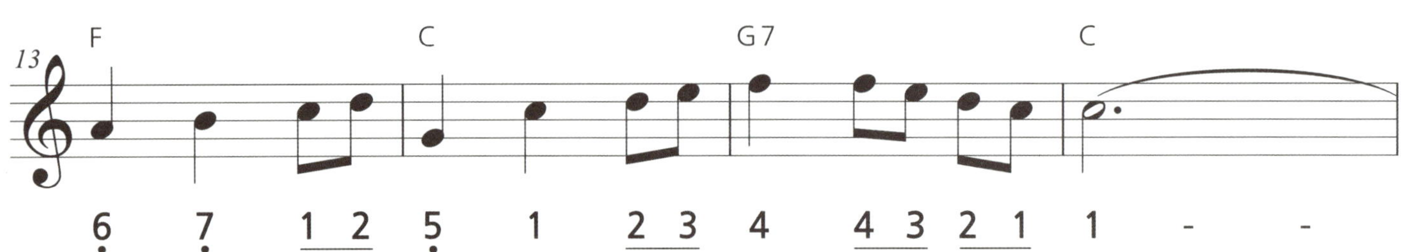

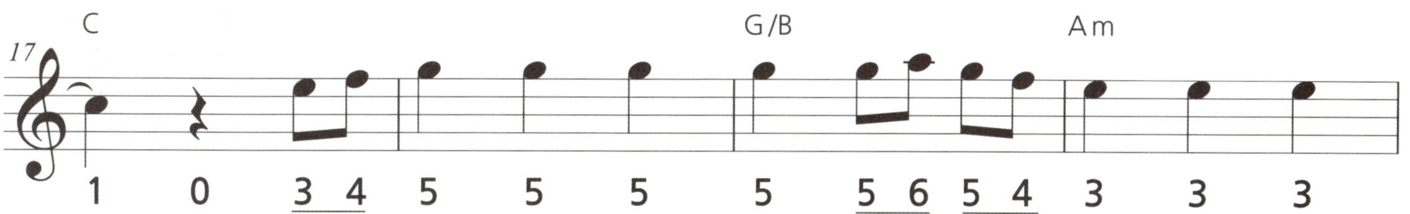
C
G /B
Am
17
1 0 3 4 5 5 5 5 5 6 5 4 3 3 3

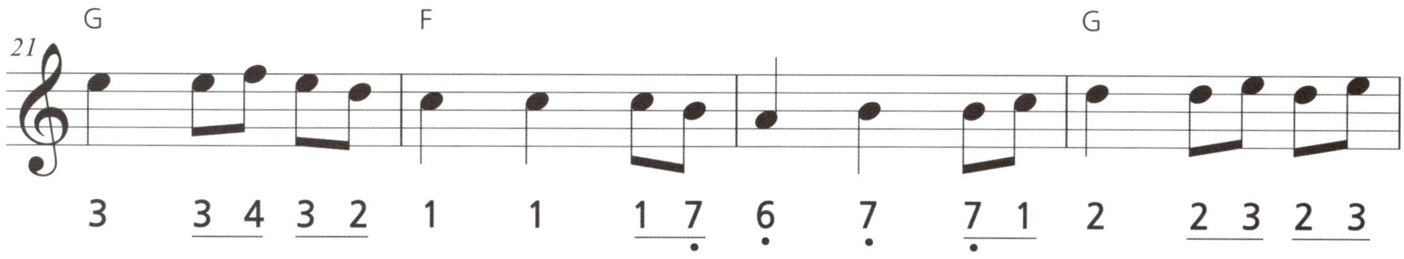
G
F
G
21
3 3 4 3 2 1 1 1 7 6 7 7 1 2 2 3 2 3

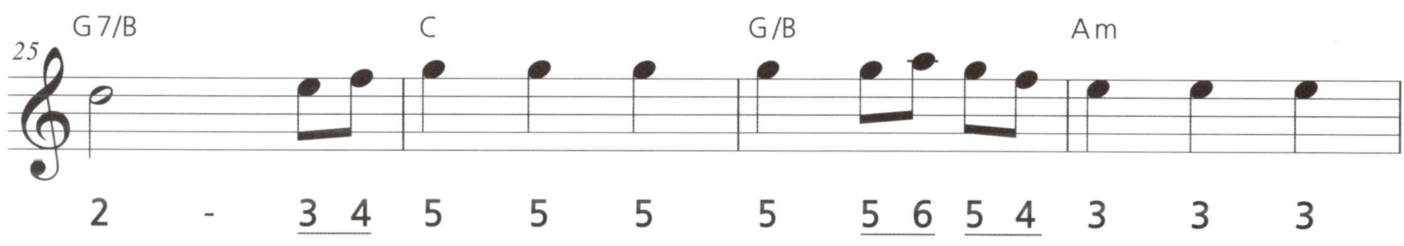
G 7/B
C
G /B
Am
25
2 - 3 4 5 5 5 5 5 6 5 4 3 3 3

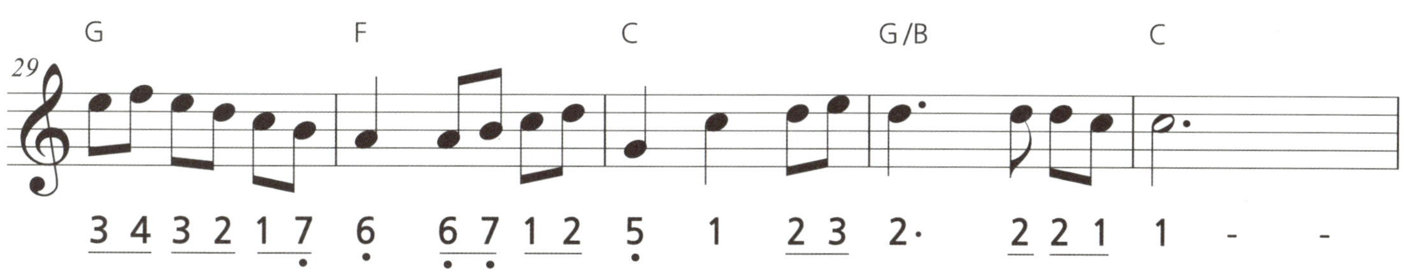
G
F
C
G /B
C
29
3 4 3 2 1 7 6 6 7 1 2 5 1 2 3 2· 2 2 1 1 - -

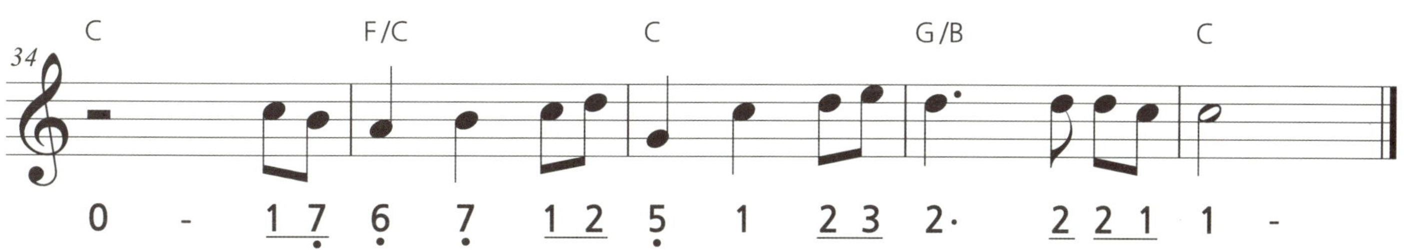
C
F /C
C
G /B
C
34
0 - 1 7 6 7 1 2 5 1 2 3 2· 2 2 1 1 -

인생의 회전목마

〈하울의 움직이는 성〉 OST

Hisaishi Joe 작곡

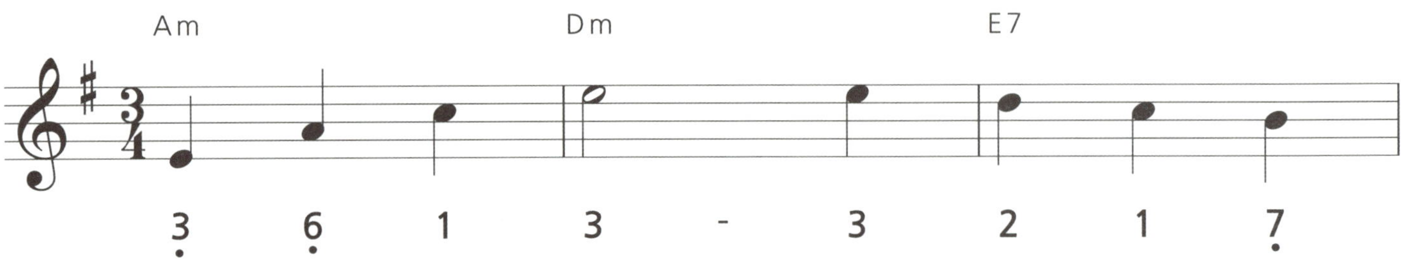

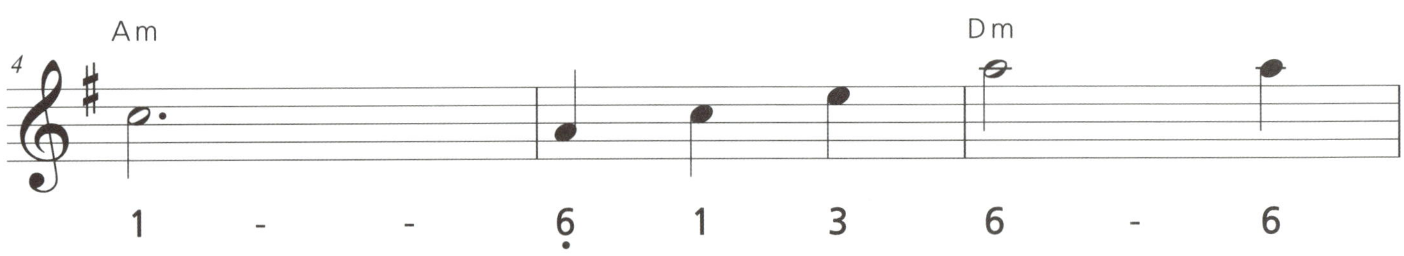

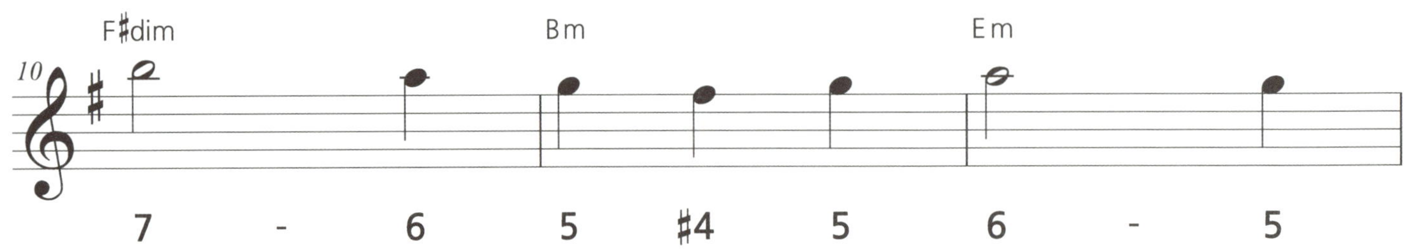

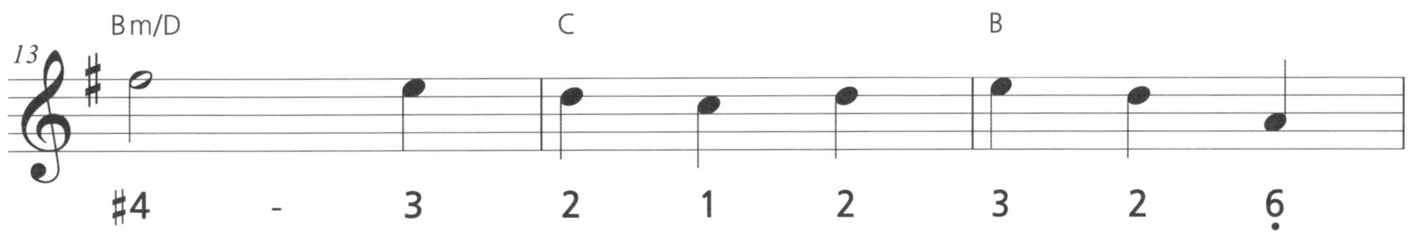
Bm/D
C
B
#4 - 3 2 1 2 3 2 6

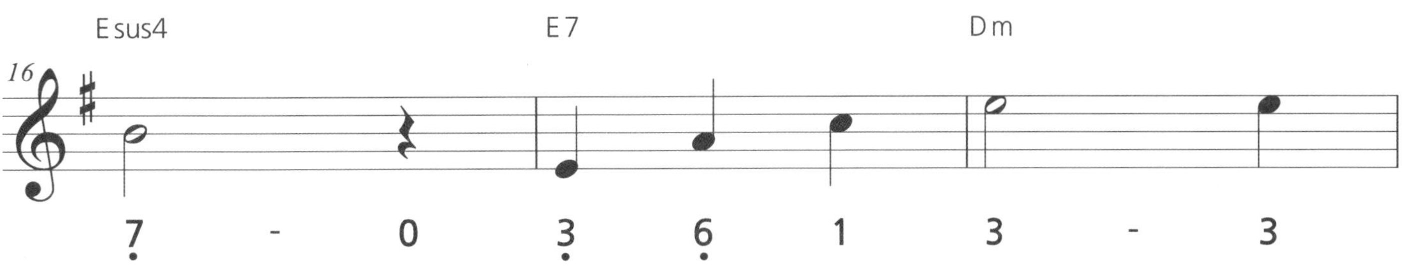
Esus4
E7
Dm
7 - 0 3 6 1 3 - 3

E7
Am
2 1 7 1 - - 6 1 3

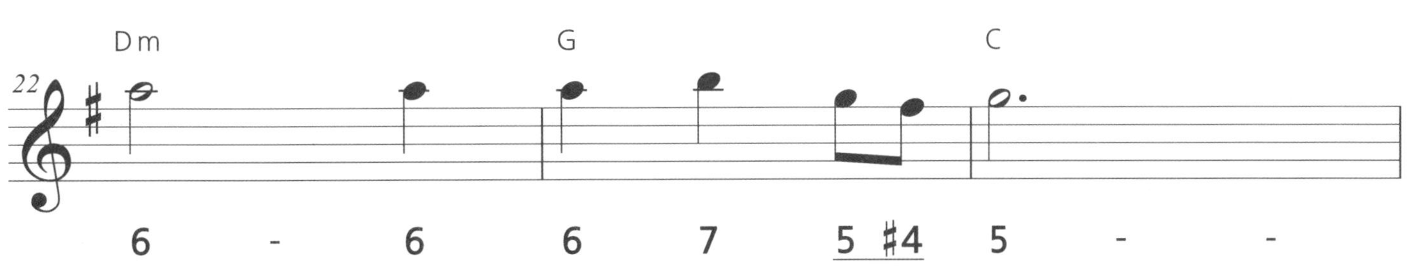
Dm
G
C
6 - 6 6 7 5 #4 5 - -

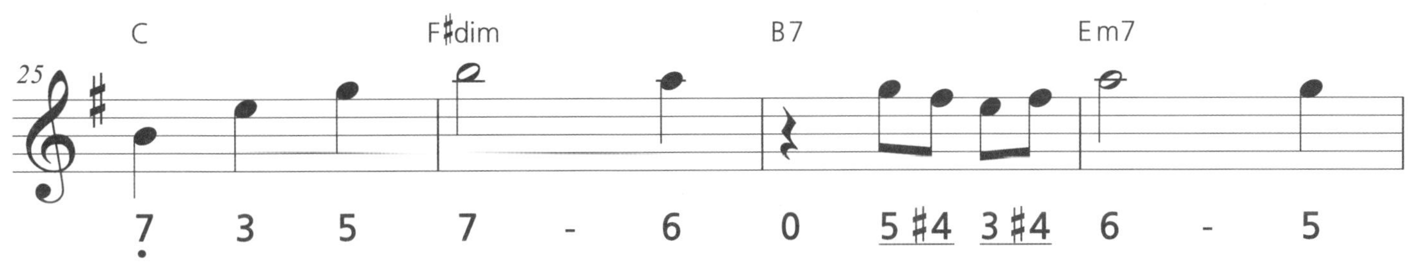
C
F#dim
B7
Em7
7 3 5 7 - 6 0 5 #4 3 #4 6 - 5

NO COPY

Em7/D   C   B7   E
0 #4 3 #2 3   3·   2 1   7·   #1 #2   3   -   -

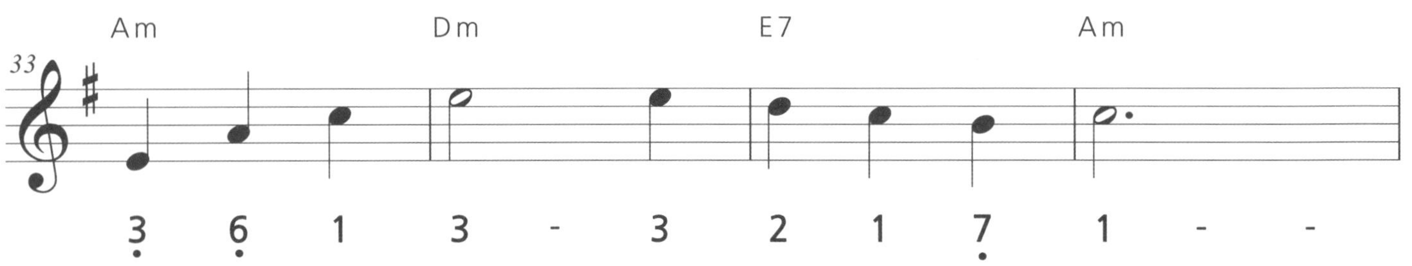
Am   Dm   E7   Am
3 6 1 3   - 3   2 1 7   1   -   -

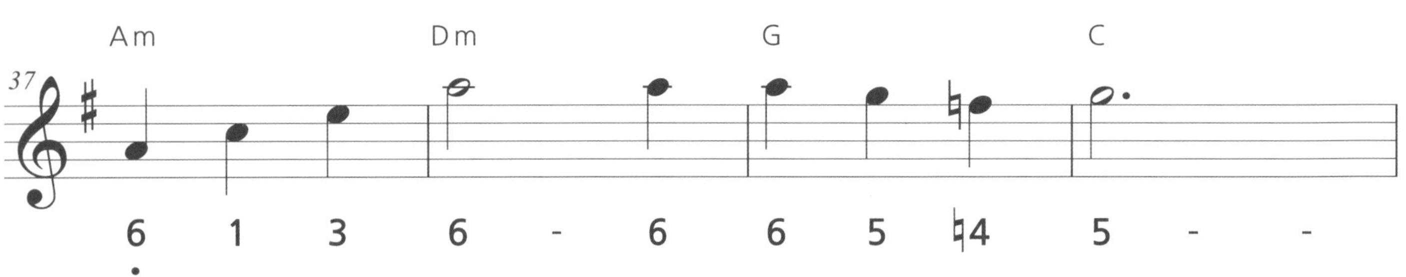
Am   Dm   G   C
6 1 3   6 - 6   6 5 ♮4   5   -   -

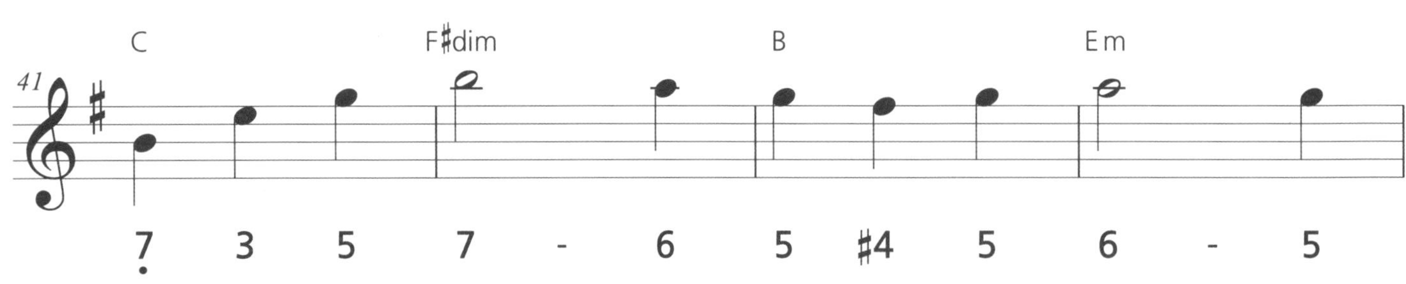
C   F#dim   B   Em
7 3 5   7 - 6   5 #4 5   6 - 5

Bm/D   C   B7   Em
#4 - 3   3·   2 1   7·   #1 #2   3   -   -

컨트리 로드

〈귀를 기울이면〉 OST

William Thomas Danoff, John Denver, Mary Catherin Danoff 작곡

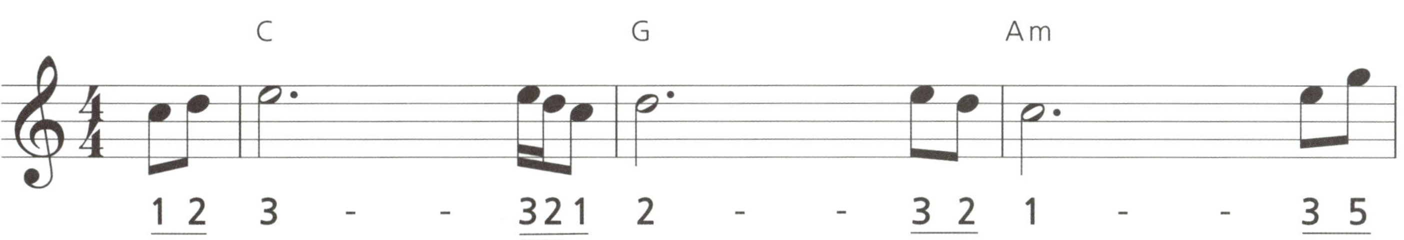

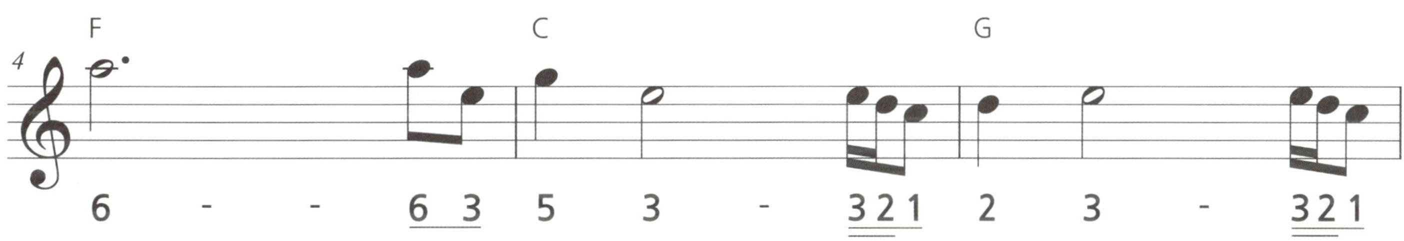

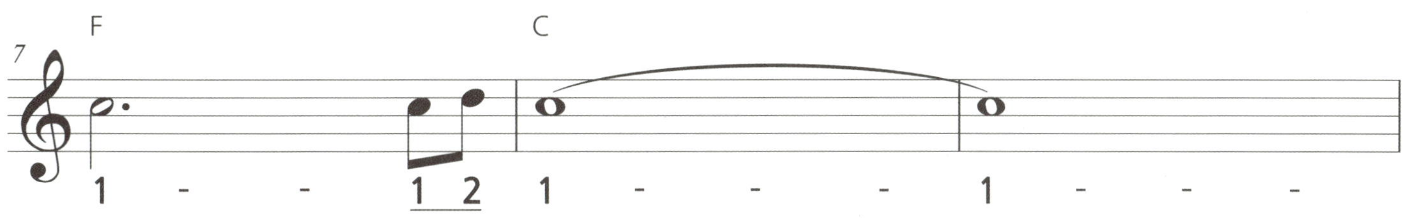

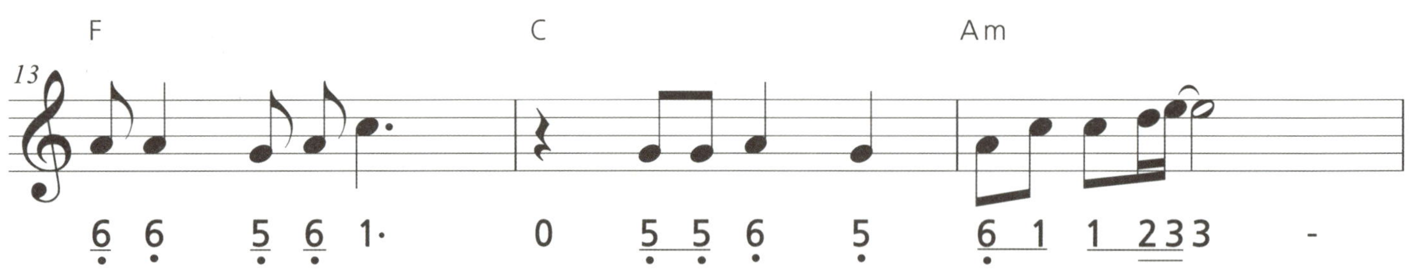
F   C   Am
13
6 6 5 6 1·   0 5 5 6 5   6 1 1 2 3 3   -

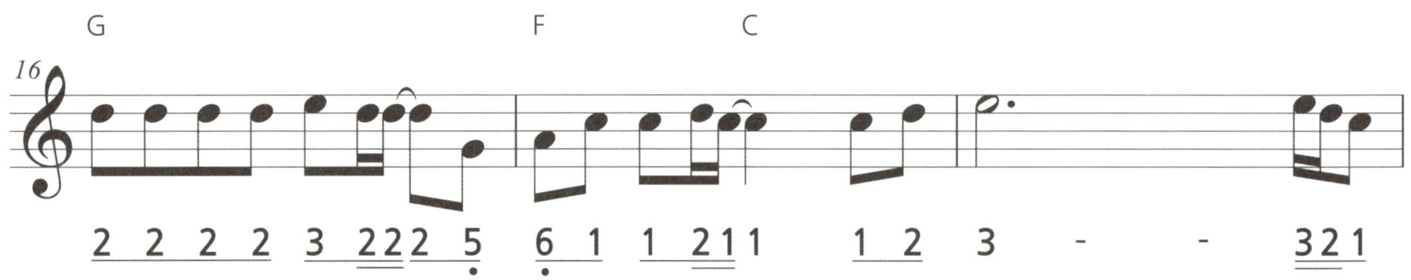
G   F   C
16
2 2 2 2 3 2 2 2 5   6 1 1 2 1 1   1 2 3 - -   3 2 1

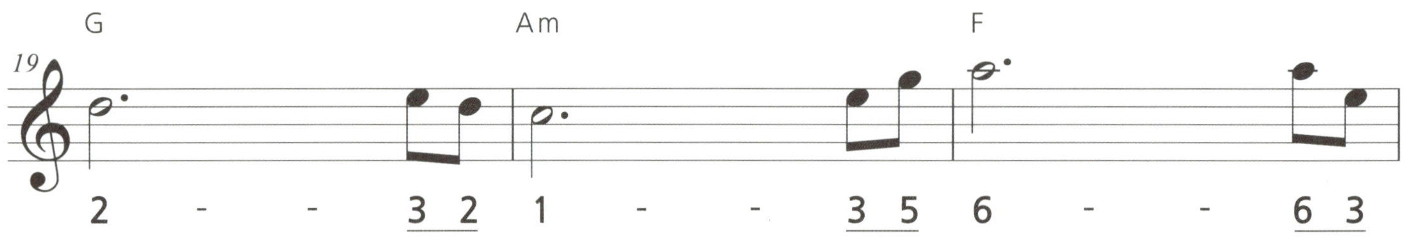
G   Am   F
19
2 - - 3 2   1 - - 3 5 6 - - 6 3

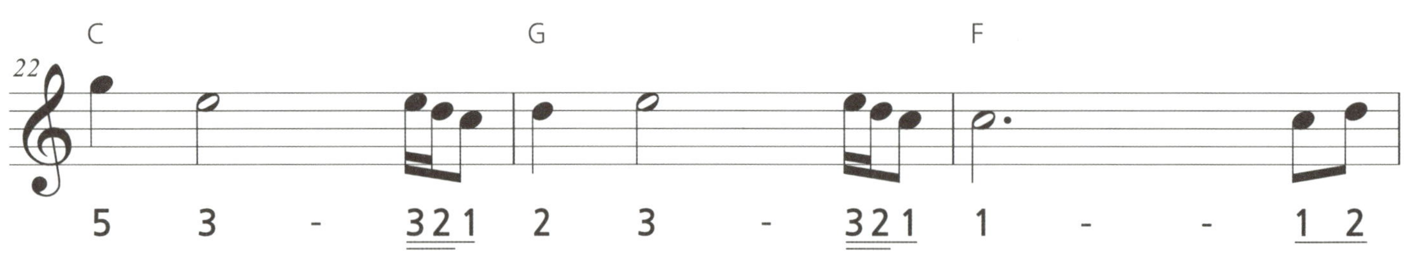
C   G   F
22
5 3 - 3 2 1 2 3 - 3 2 1 1 - - 1 2

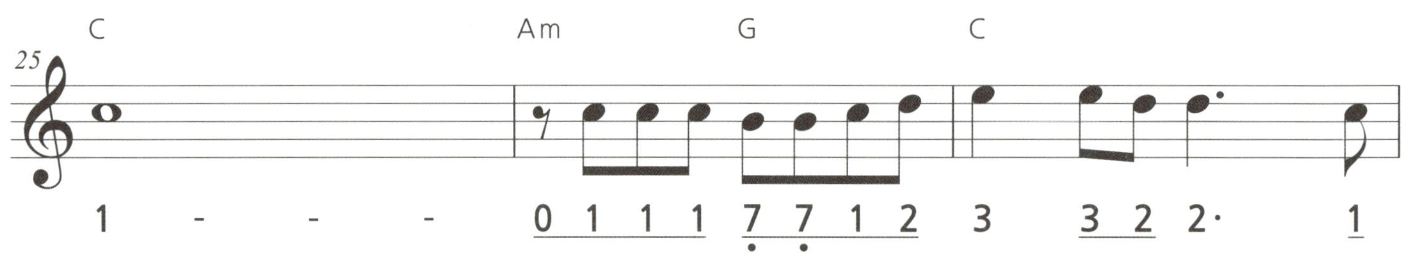
C   Am   G   C
25
1 - - -   0 1 1 1 7 7 1 2 3 3 2 2· 1

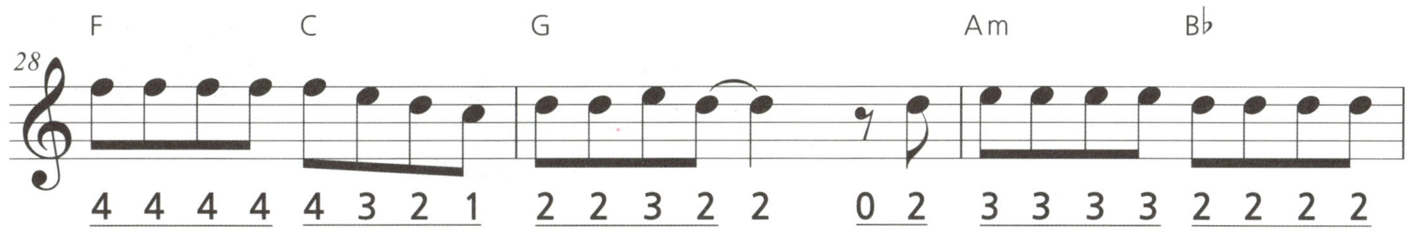

F C G Am B♭
28
4 4 4 4 4 3 2 1 2 2 3 2 2 0 2 3 3 3 3 2 2 2 2

F G G7
31
1 1 1 1 1 1 1 1 2 2 3 2 2 - 2 2 3 4 4 - - -

G7 C G
34
4 - 0 1 2 3 - - 3 2 1 2 - - 3 2

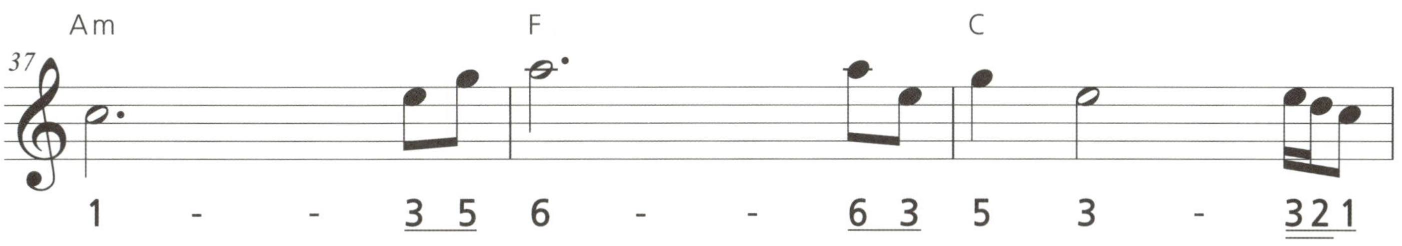

Am F C
37
1 - - 3 5 6 - - 6 3 5 3 - 3 2 1

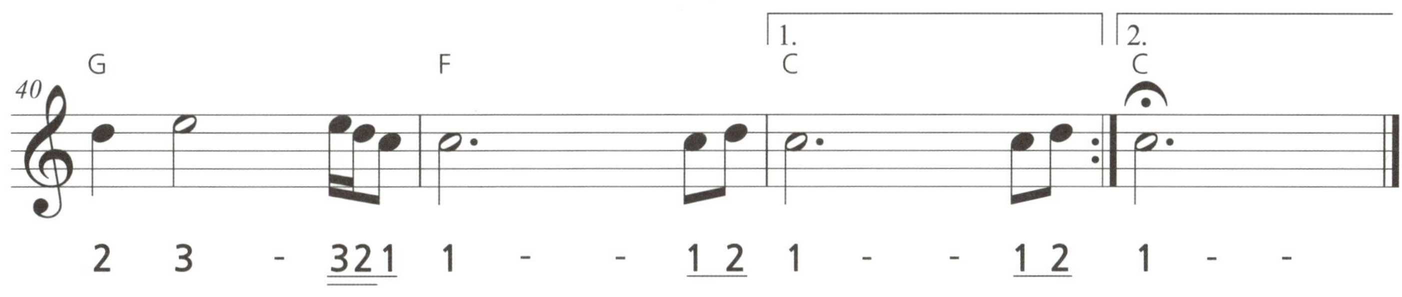

G F 1. C 2. C
40
2 3 - 3 2 1 1 - - 1 2 1 - - 1 2 1 - -

루즈의 전언

〈마녀 배달부 키키〉 OST

Arai Yumi 작곡

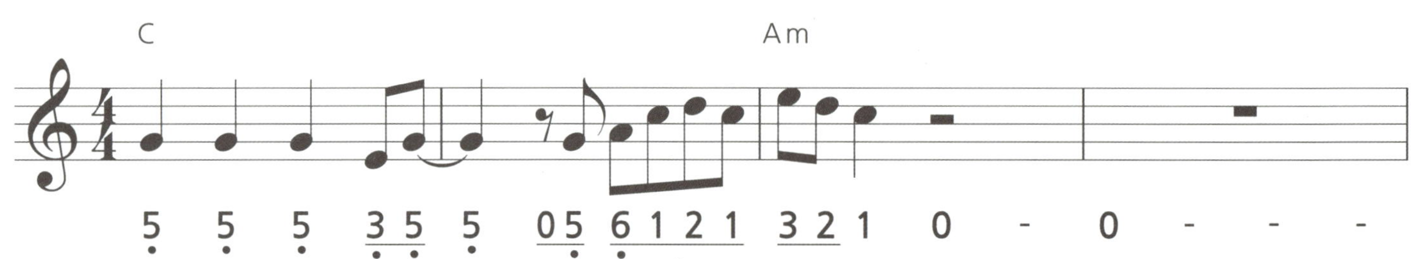

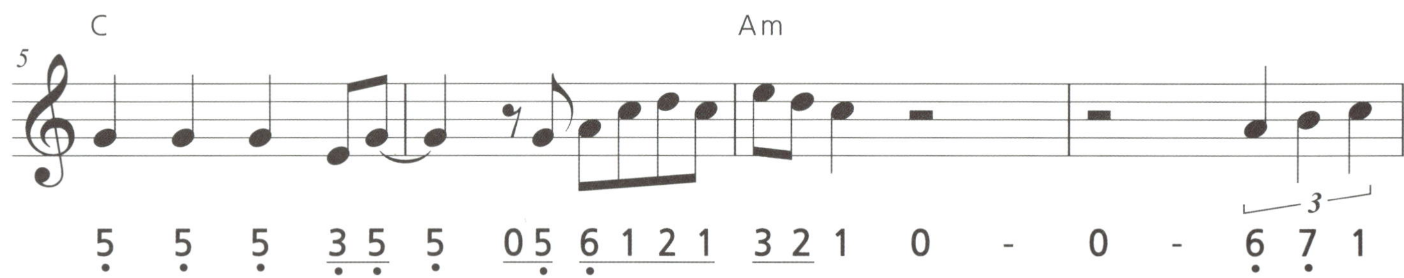

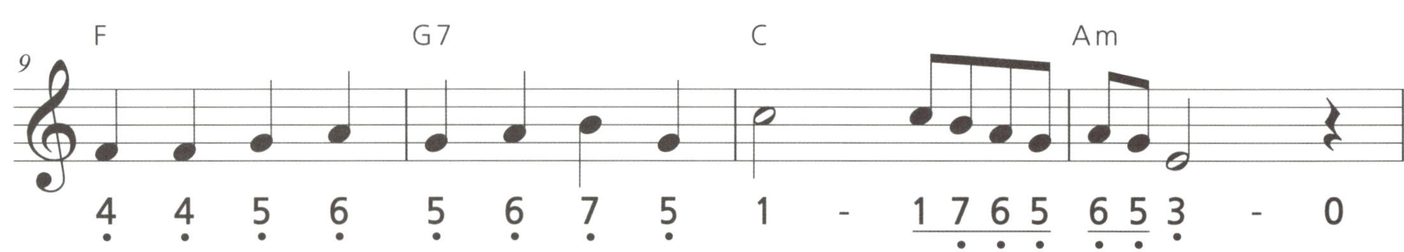

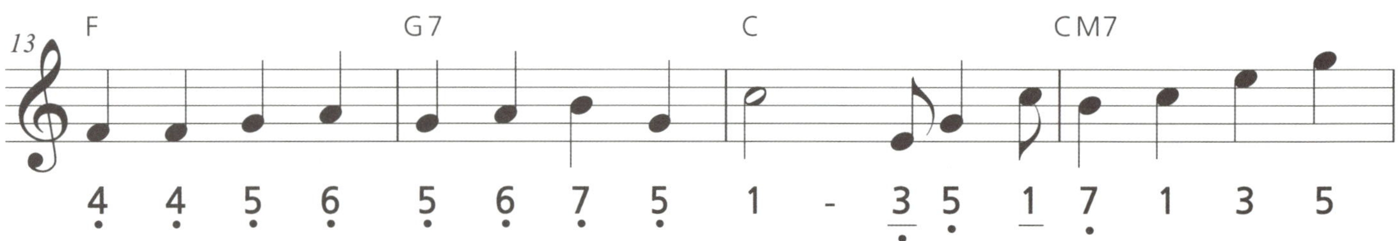

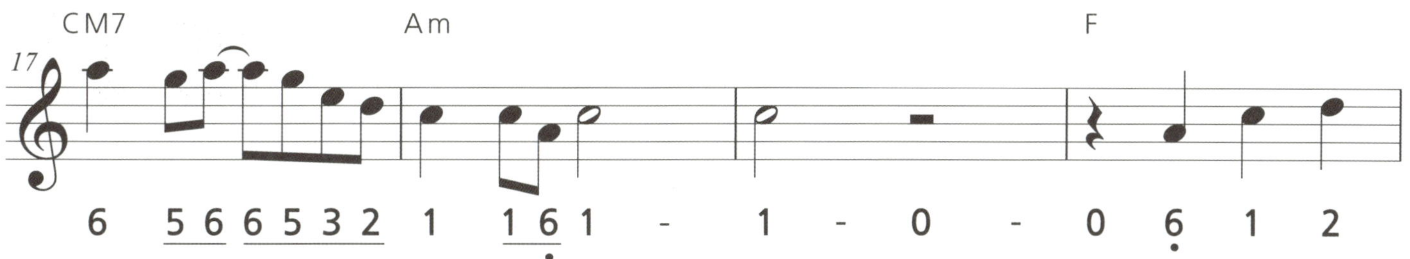
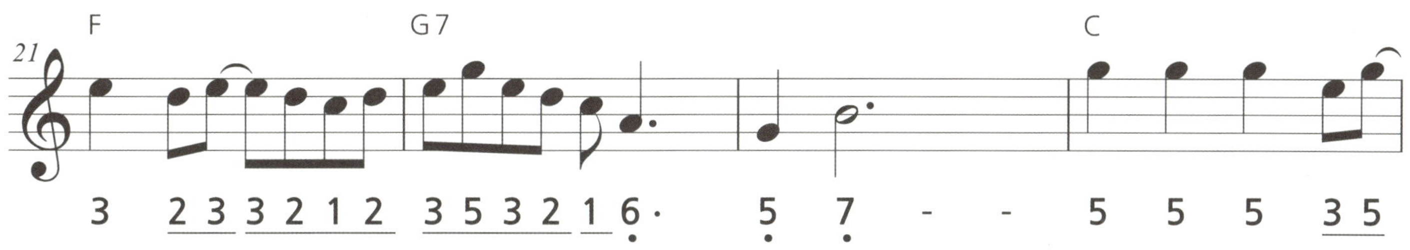
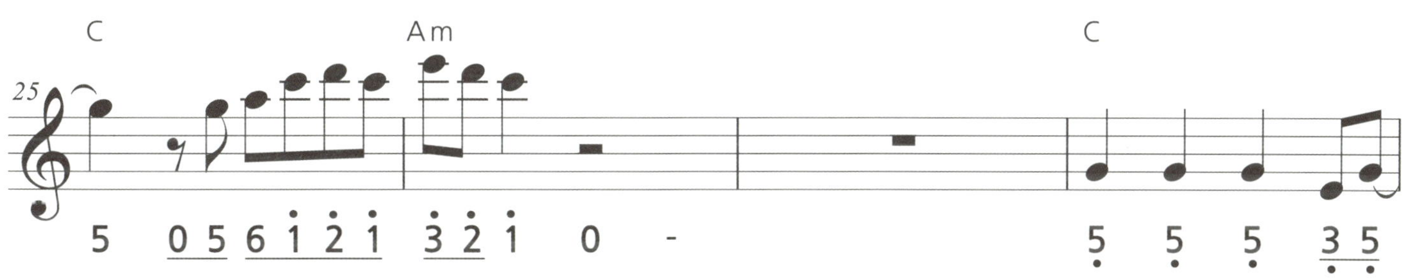
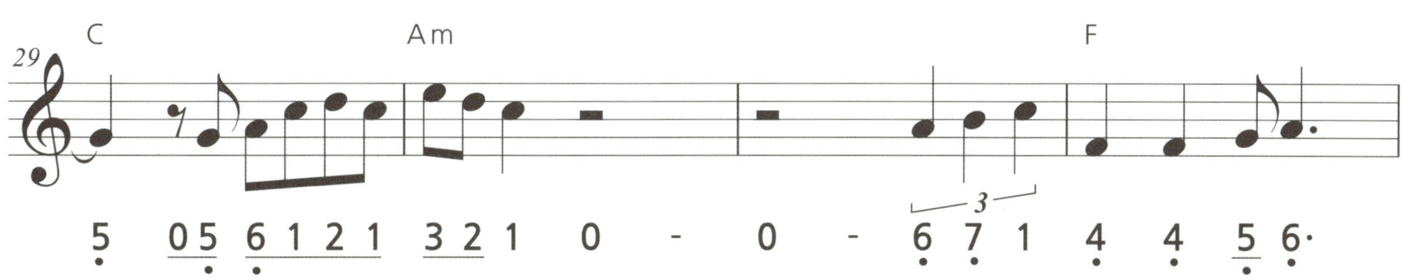
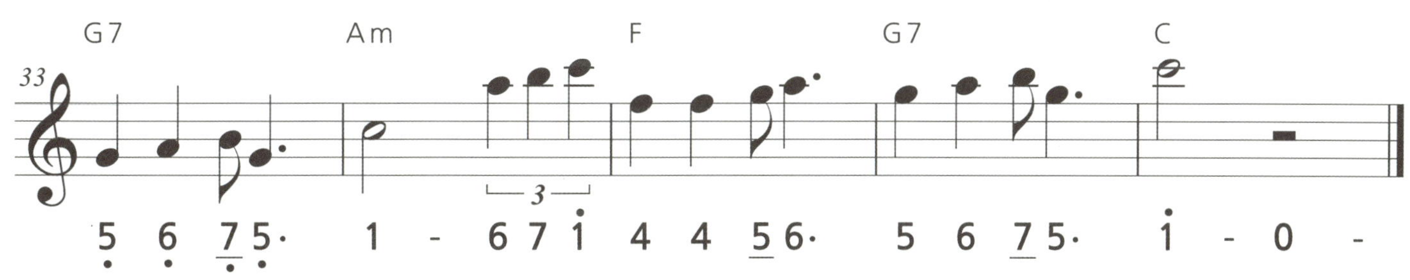

체리가 익어갈 무렵

〈붉은 돼지〉 OST

Antoine Renard 작곡

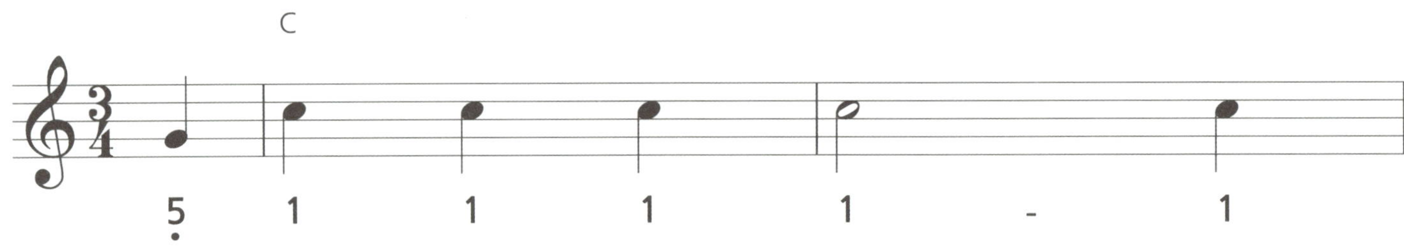

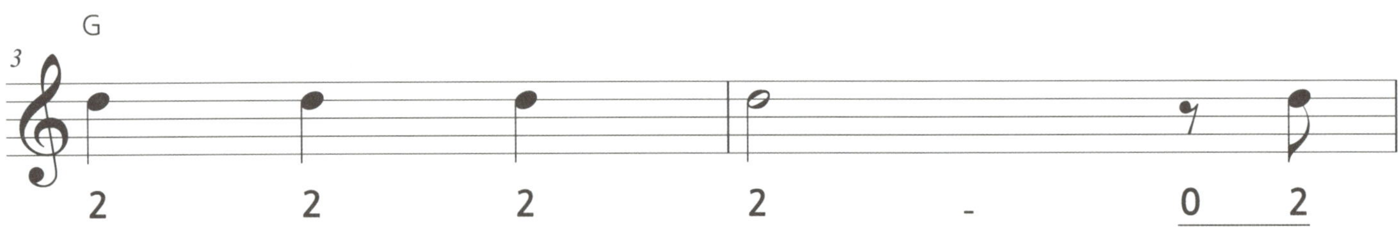

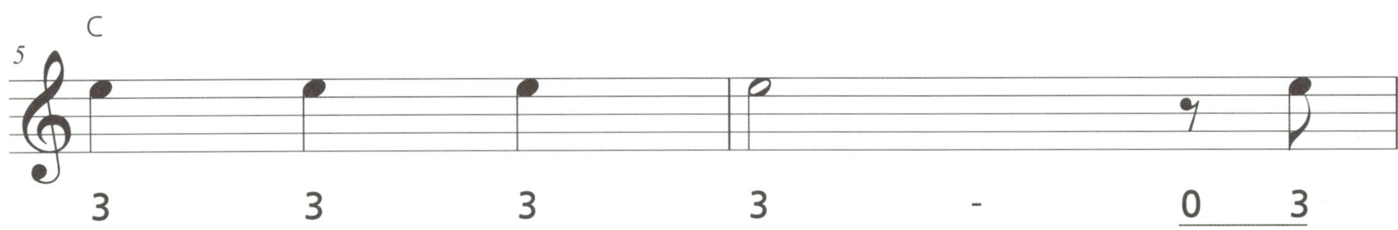

NO COPY

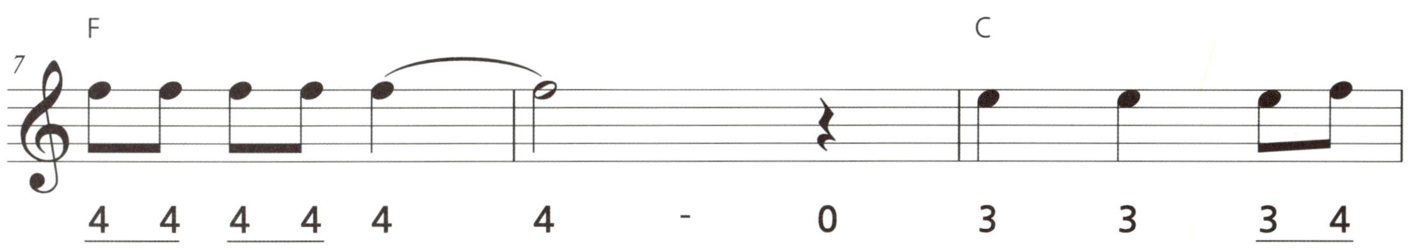

F
C
4 4 4 4 4 4 - 0 3 3 3 4

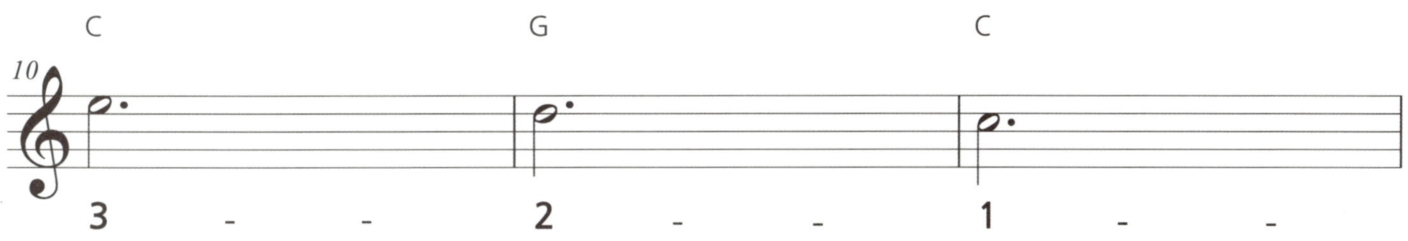

C
G
C
3 - - 2 - - 1 - -

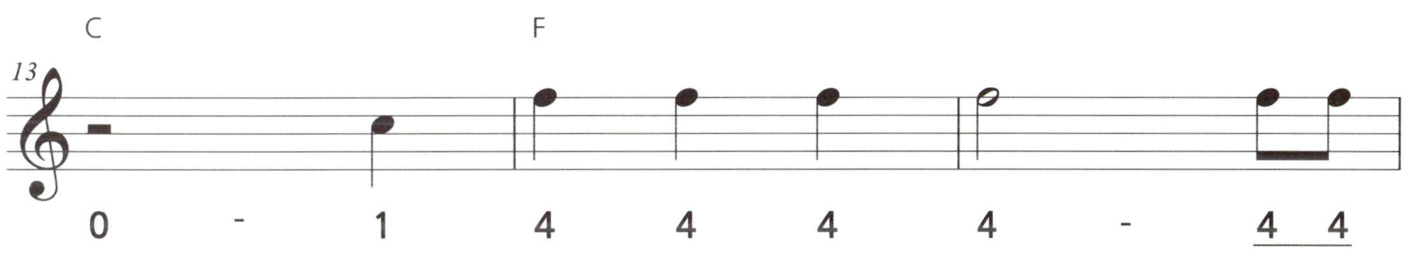

C
F
0 - 1 4 4 4 4 - 4 4

F
C
6 - 4 4 - 3 3 0 3 3

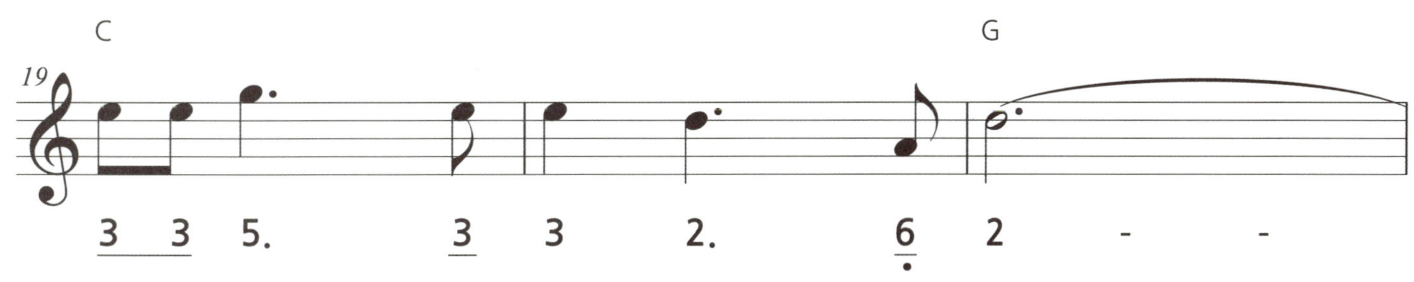

C
G
3 3 5. 3 3 2. 6 2 - -

NO COPY

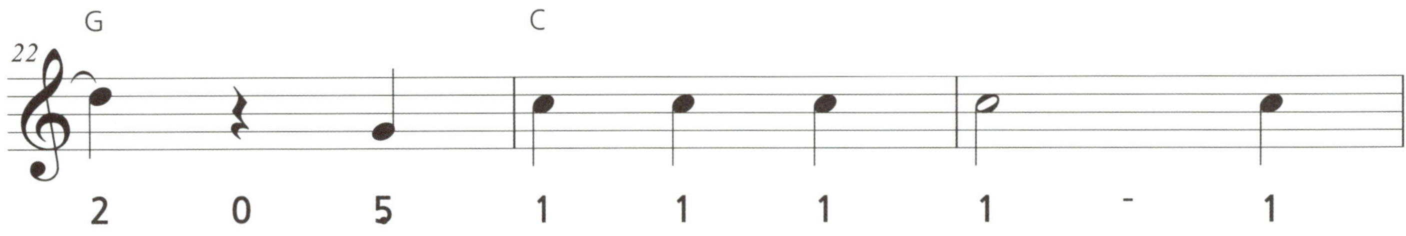
22
G
C
2 0 5 1 1 1 1 - 1

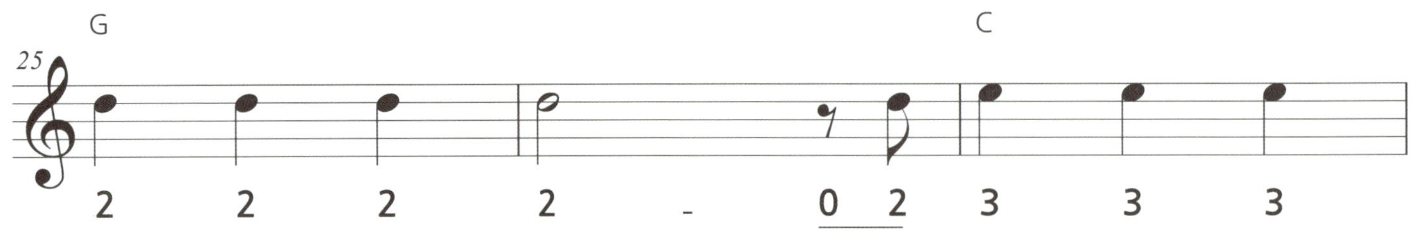
25
G
C
2 2 2 2 - 0 2 3 3 3

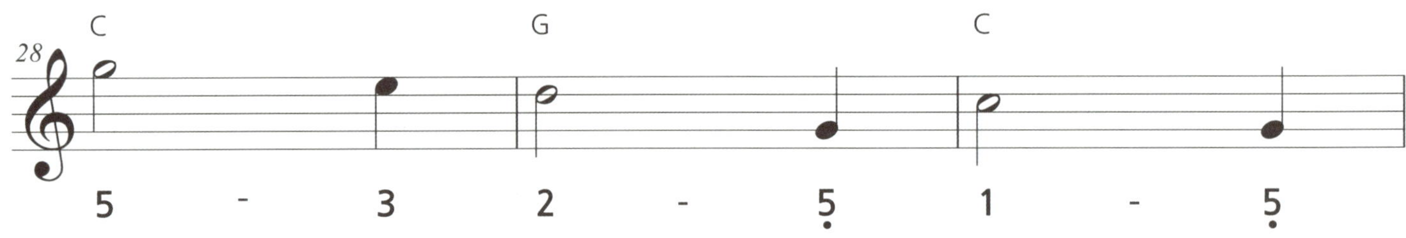
28
C
G
C
5 - 3 2 - 5 1 - 5

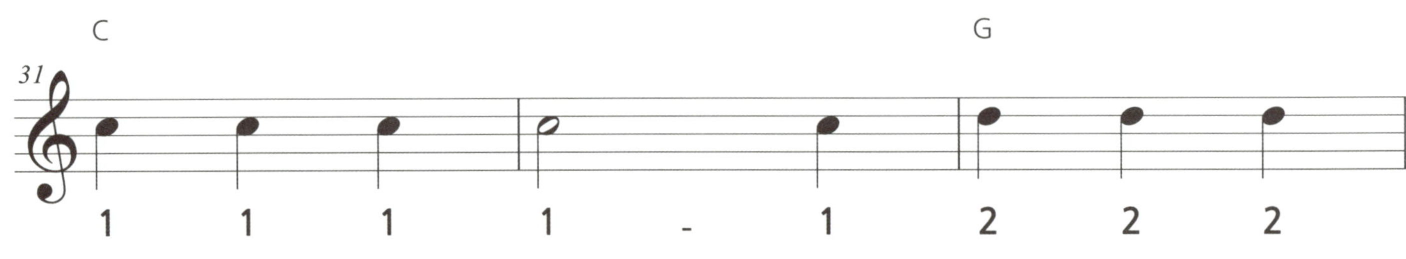
31
C
G
1 1 1 1 - 1 2 2 2

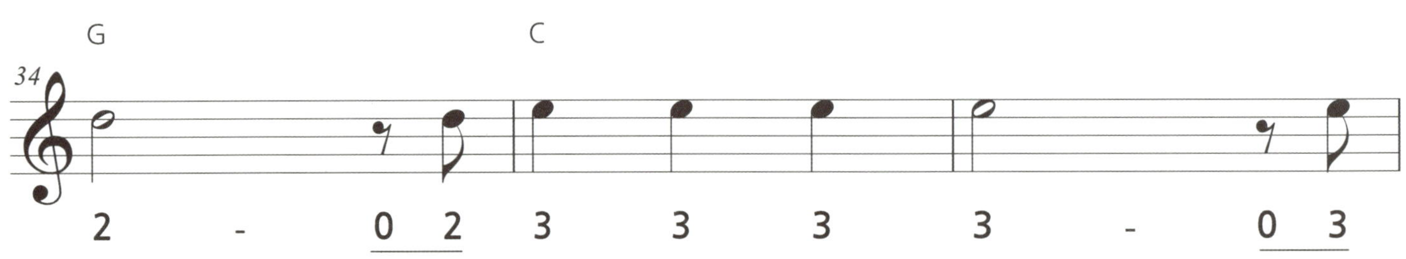
34
G
C
2 - 0 2 3 3 3 3 - 0 3

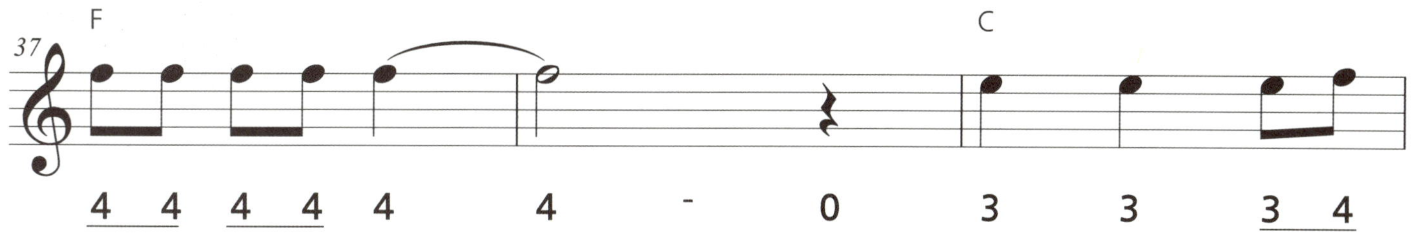
37
F
C
4 4 4 4 4 4 - 0 3 3 3 4

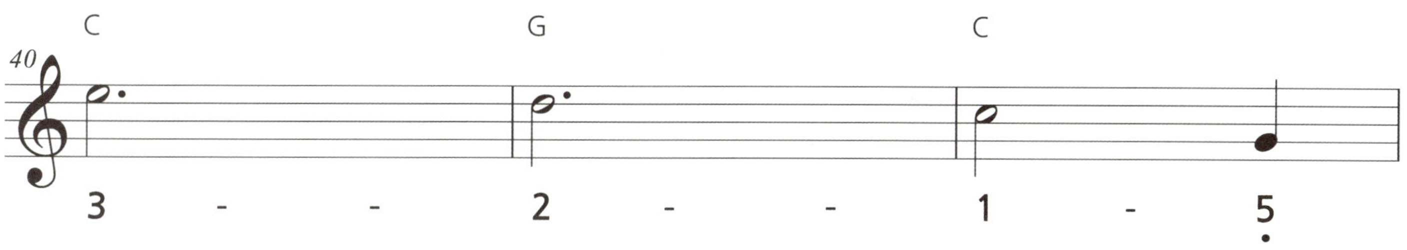
40
C
G
C
3 - - 2 - - 1 - 5

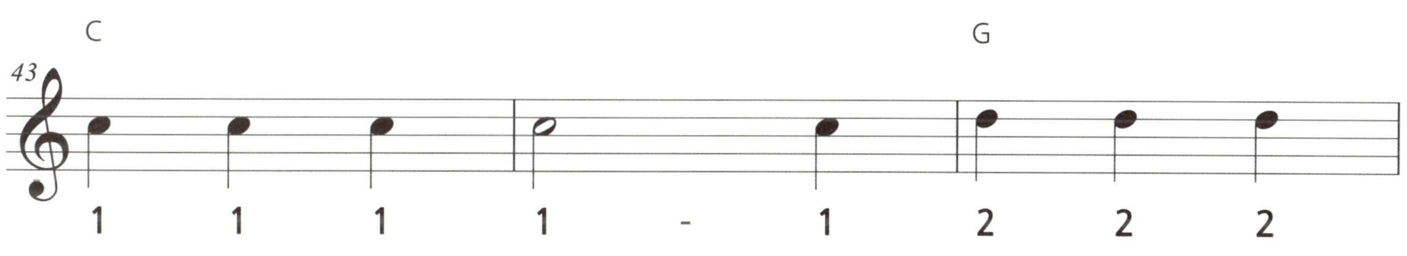
43
C
G
1 1 1 1 - 1 2 2 2

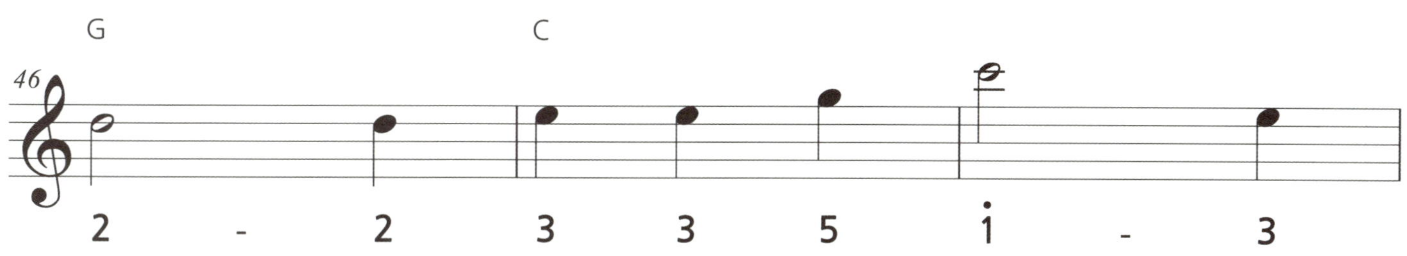
46
G
C
2 - 2 3 3 5 1 - 3

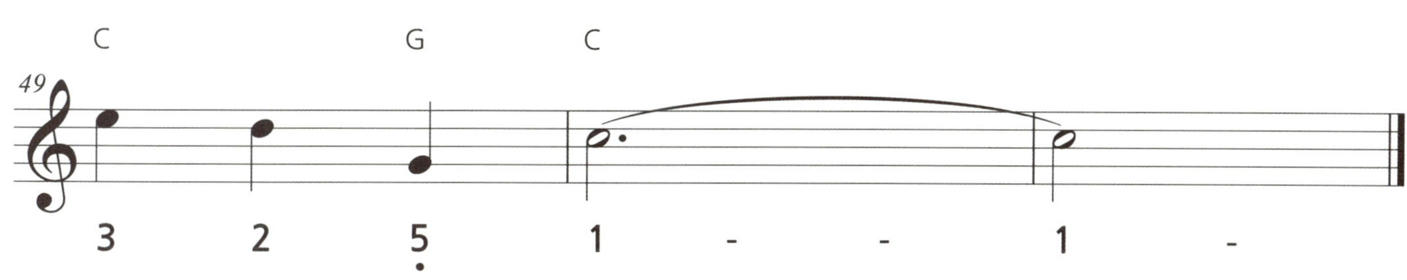
49
C
G
C
3 2 5 1 - - 1 -

생명의 기억

〈가구야 공주 이야기〉 OST

Nikaido Kazumi, Jasrac 작곡

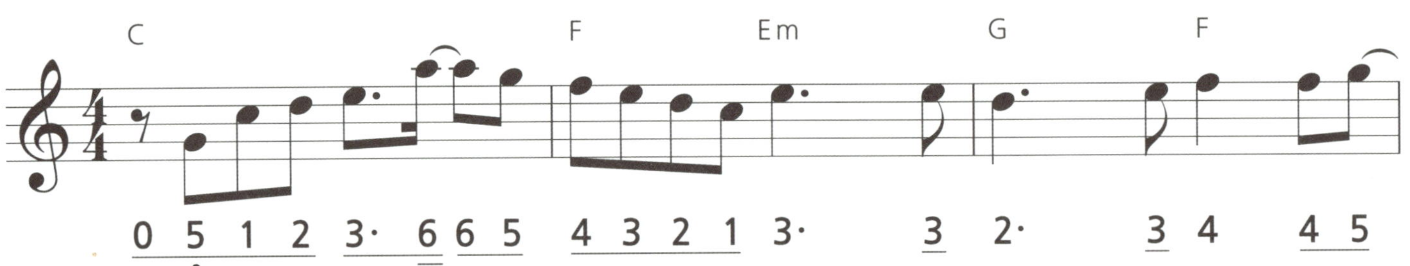

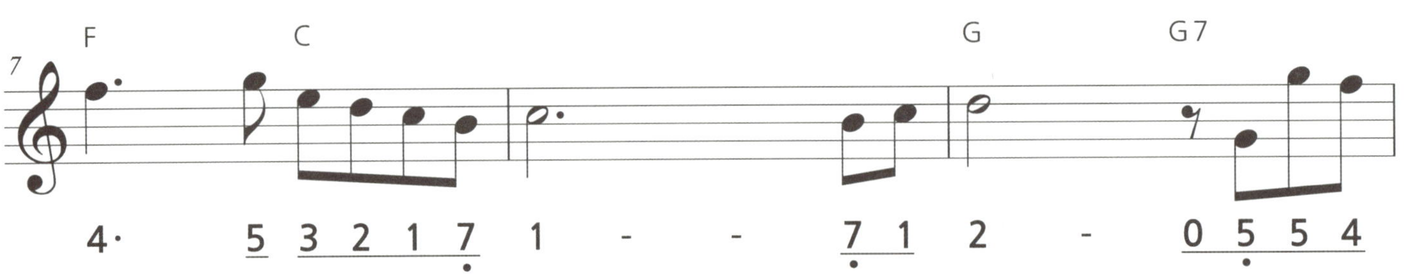

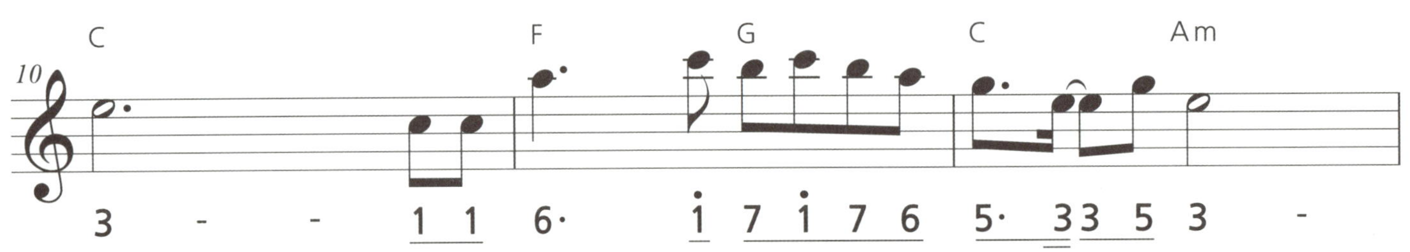

NO COPY

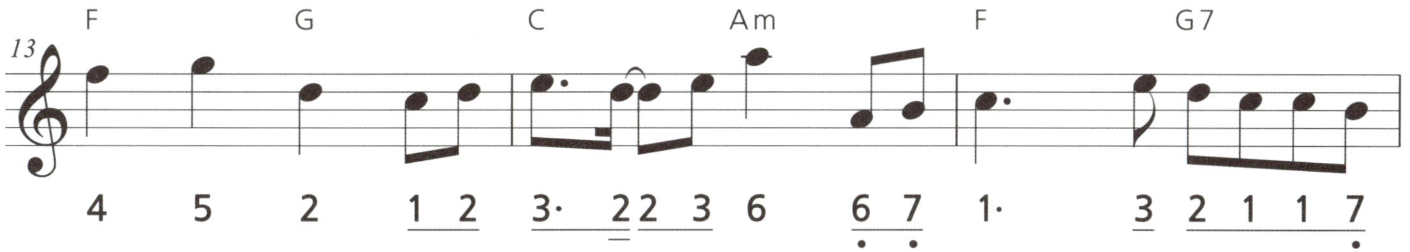

F   G   C   Am   F   G7
13
4   5   2   1 2   3· 2 2 3 6   6 7   1·   3 2 1 1 7

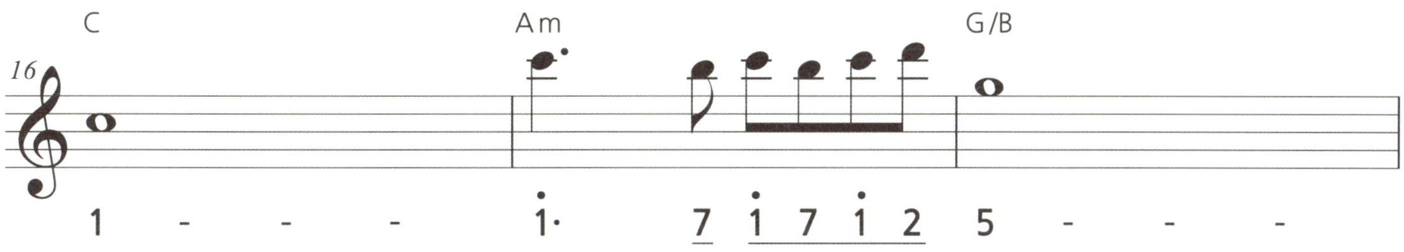

C   Am   G/B
16
1   -   -   -   1·   7 1 7 1 2   5   -   -   -

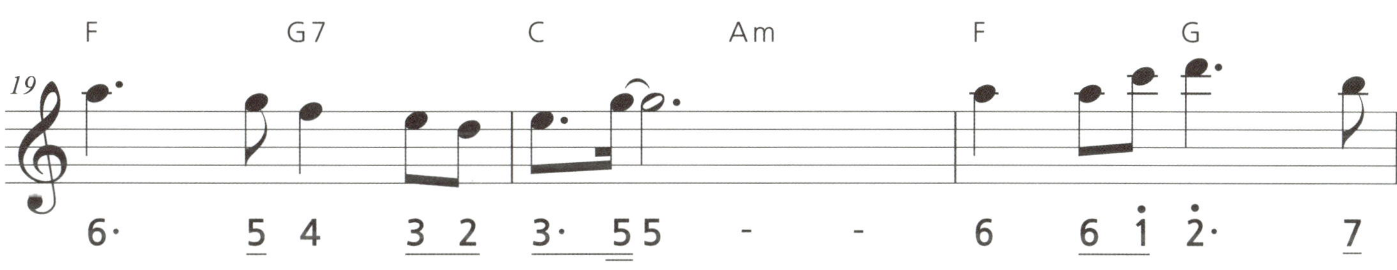

F   G7   C   Am   F   G
19
6·   5 4   3 2   3· 5 5   -   -   6   6 1 2·   7

Em   Am   Dm   G7   C
22
5   5 2 1·   5   4·   5 4 3 2 7   7 1 1   -   4 5

F   G   C   Am   F
25
6·   6 1 7 6 7   6   5   0 5 1 2   3·   3 3 2 1 2

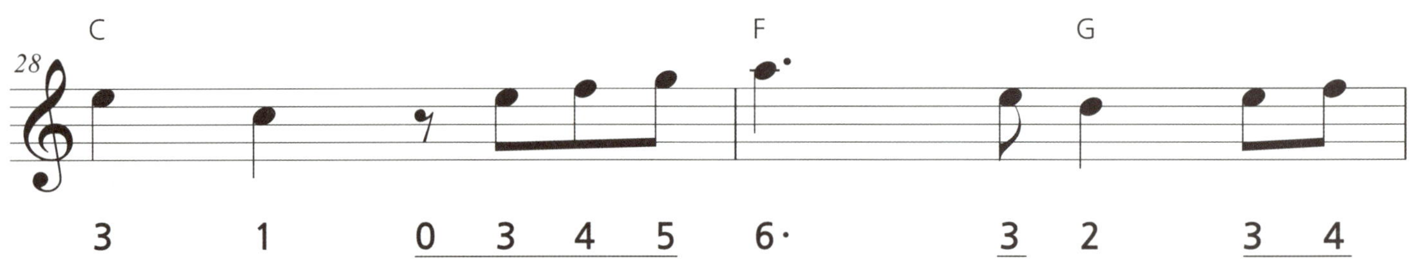
C
F
G
3 1 0 3 4 5 6·   3 2 3 4

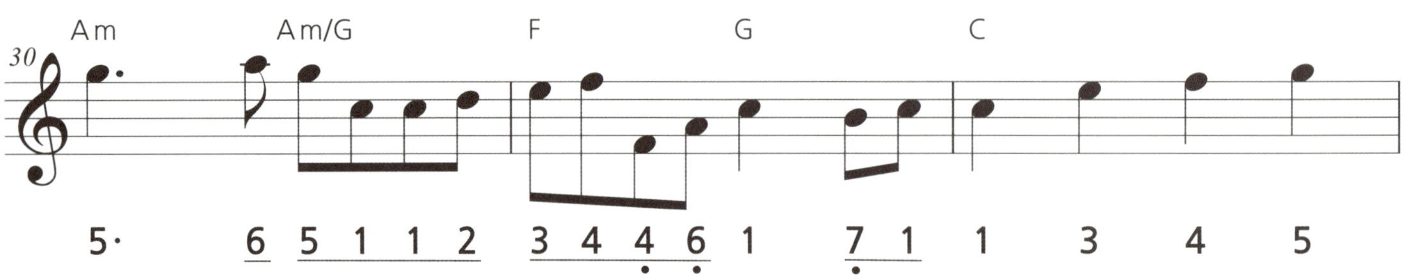
Am
Am/G
F
G
C
5· 6 5 1 1 2 3 4 4 6 1 7 1 1 3 4 5

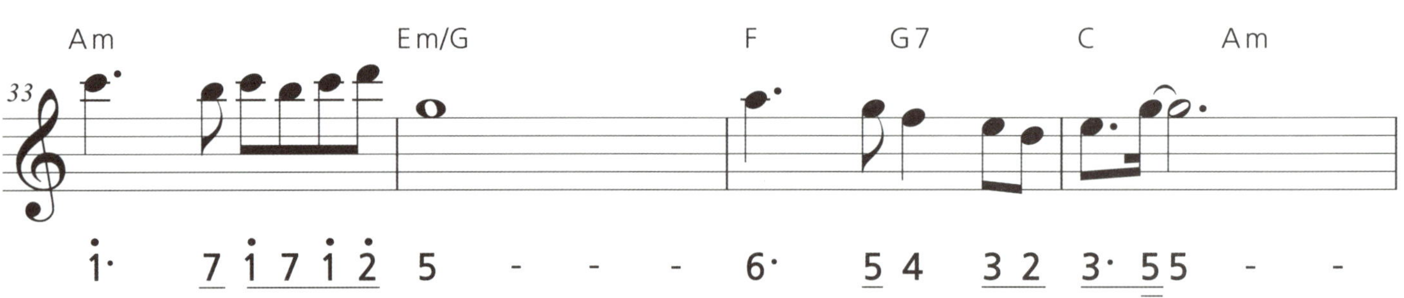
Am
Em/G
F
G7
C
Am
1· 7 1 7 1 2 5 - - 6· 5 4 3 2 3· 5 5 - -

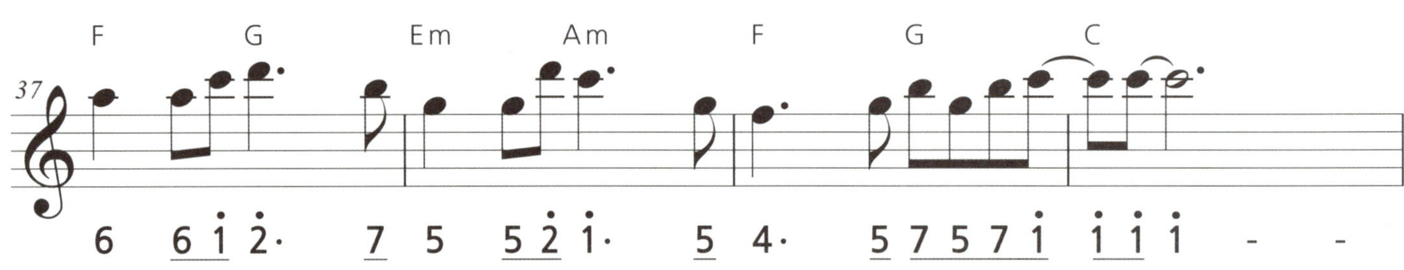
F
G
Em
Am
F
G
C
6 6 1 2· 7 5 5 2 1· 5 4· 5 7 5 7 1 1 1 1 - -

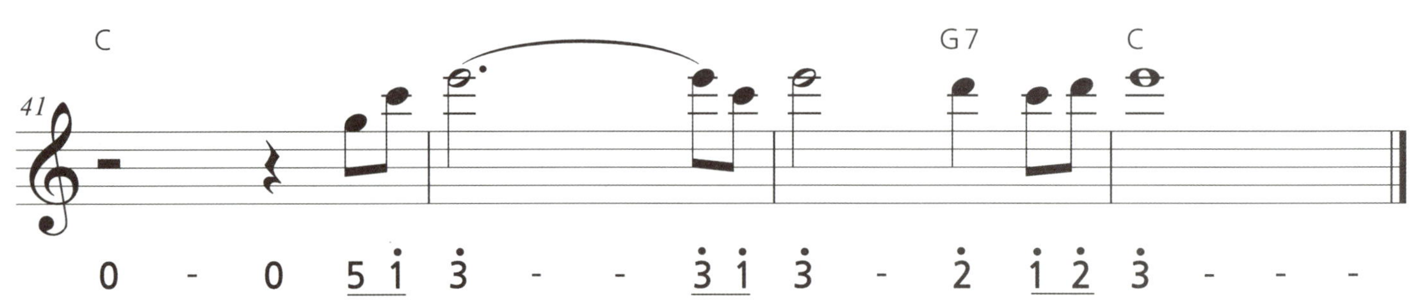
C
G7
C
0 - 0 5 1 3 - - 3 1 3 - 2 1 2 3 - -

이웃집 토토로

〈이웃집 토토로〉 OST

Hisaishi Joe 작곡

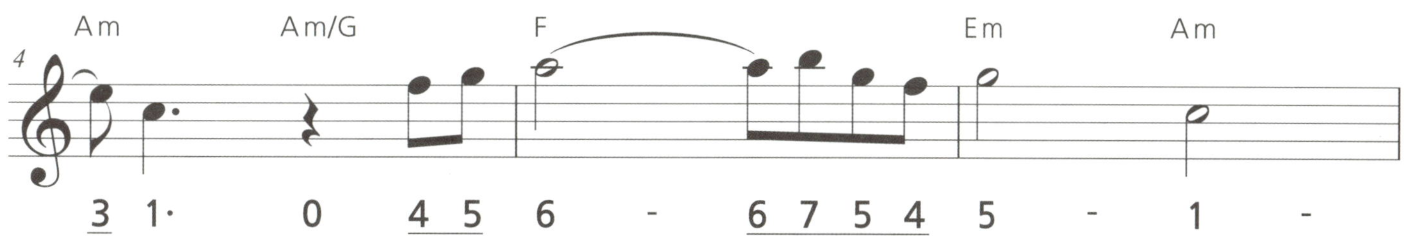

C/B
Am
Am/G
5 - - - 0 1 7 1 3 3 - - -

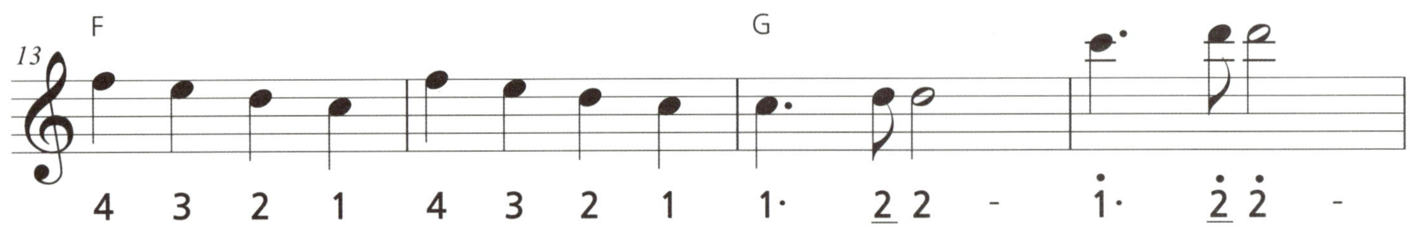

F
G
4 3 2 1 4 3 2 1 1· 2 2 - 1· 2 2 -

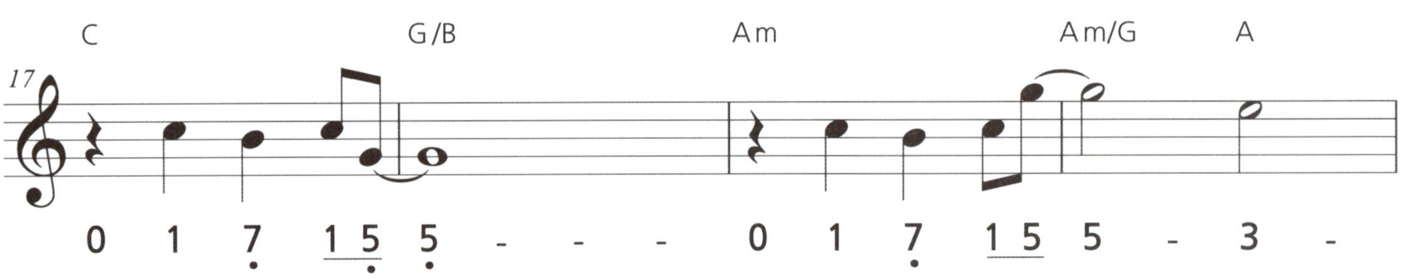

C
G/B
Am
Am/G
A
0 1 7 1 5 5 - - - 0 1 7 1 5 5 - 3 -

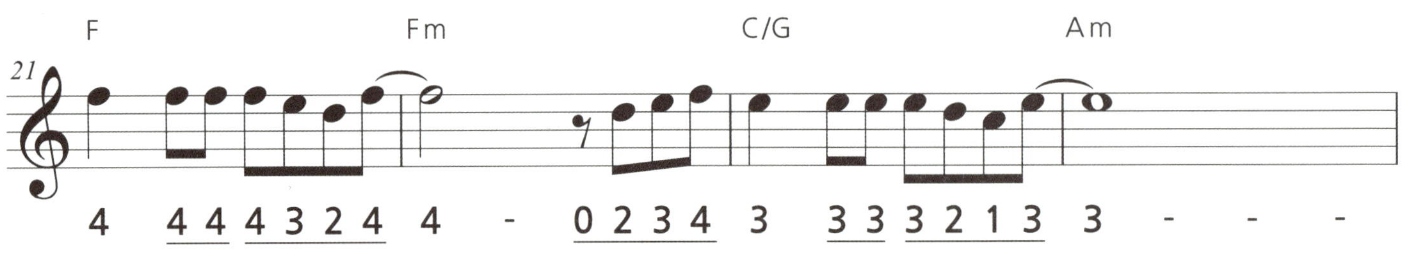

F
Fm
C/G
Am
4 4 4 4 3 2 4 4 - 0 2 3 4 3 3 3 3 2 1 3 3 - - -

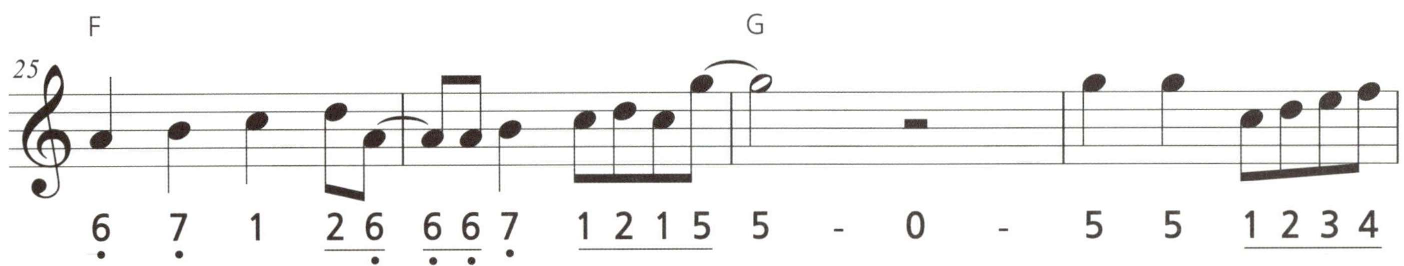

F
G
6 7 1 2 6 6 6 7 1 2 1 5 5 - 0 - 5 5 1 2 3 4

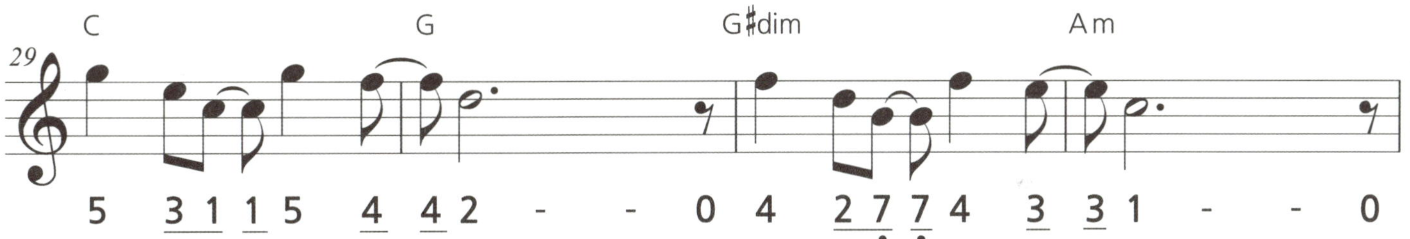

C   G   G#dim   Am
29
5 3 1 1 5 4 4 2 - - 0 4 2 7 7 4 3 3 1 - - 0

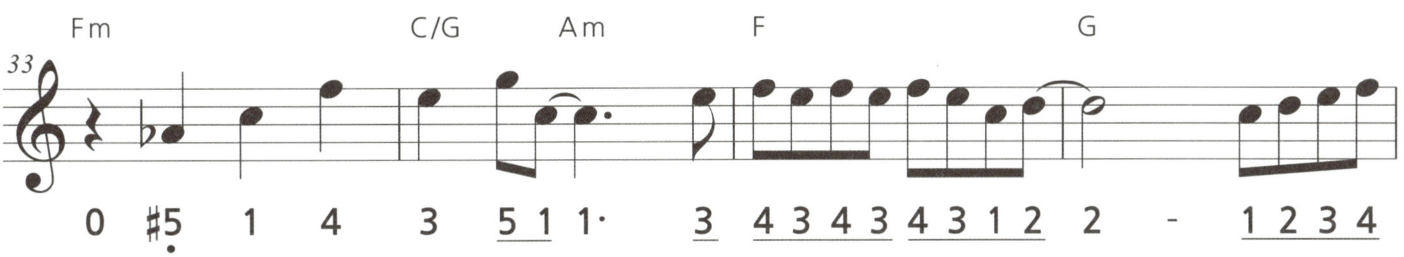

Fm   C/G   Am   F   G
33
0 #5 1 4 3 5 1 1·   3 4 3 4 3 4 3 1 2 2 - 1 2 3 4

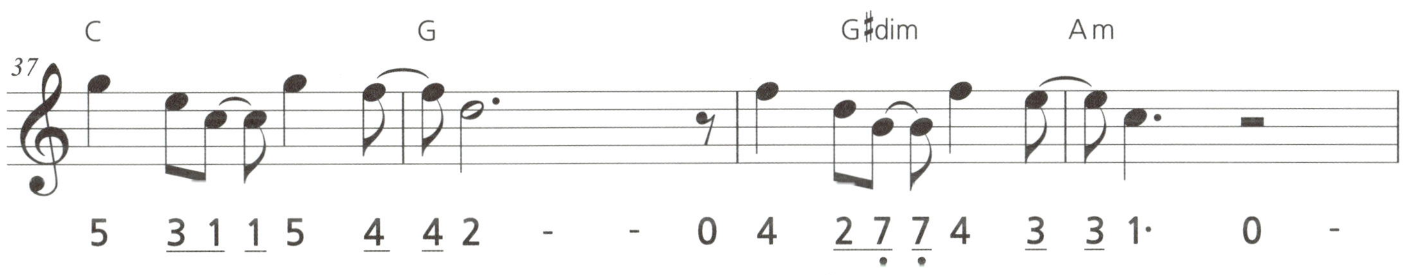

C   G   G#dim   Am
37
5 3 1 1 5 4 4 2 - - 0 4 2 7 7 4 3 3 1· 0 -

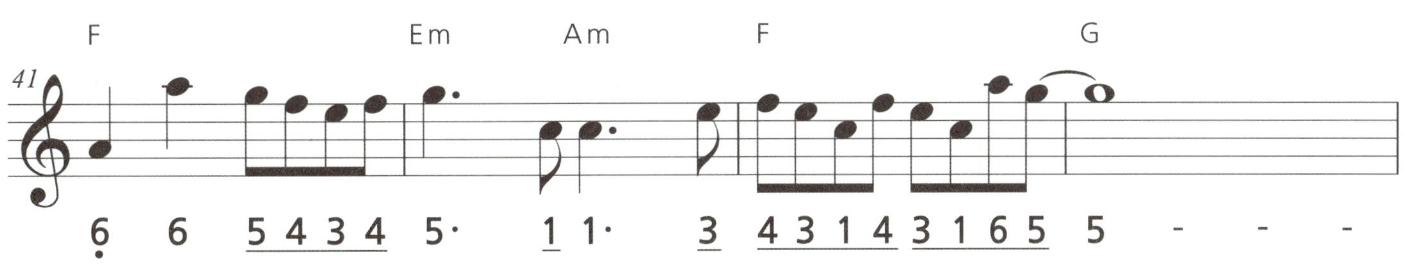

F   Em   Am   F   G
41
6 6 5 4 3 4 5· 1 1·   3 4 3 1 4 3 1 6 5 5 - - -

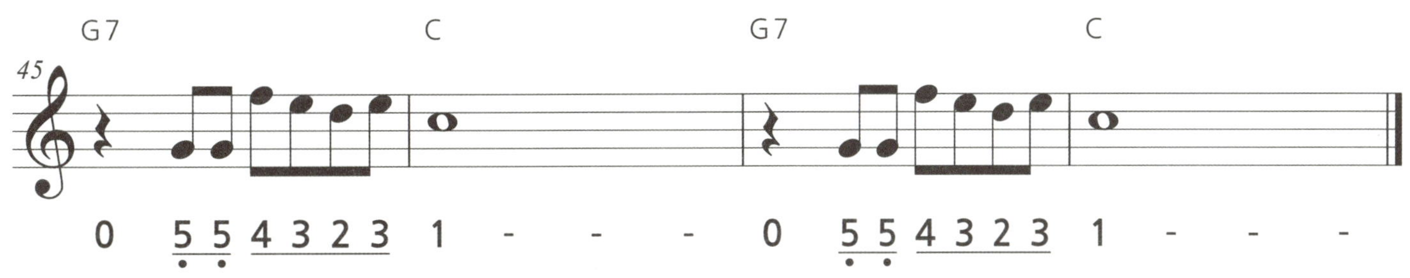

G7   C   G7   C
45
0 5 5 4 3 2 3 1 - - - 0 5 5 4 3 2 3 1 - - -

폭풍 속의 해바라기 집

〈벼랑 위의 포뇨〉 OST

Hisaishi Joe 작곡

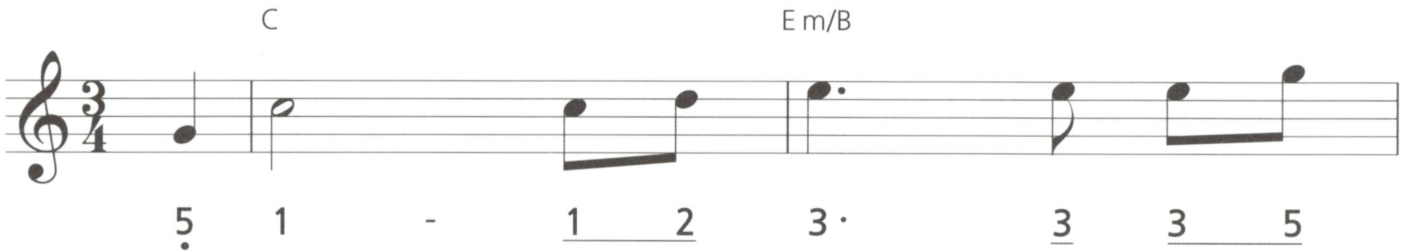

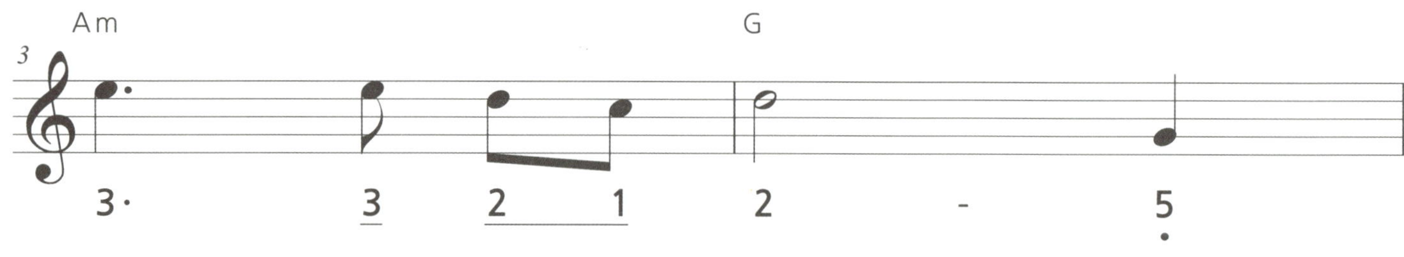

G
Em
Am
2 - 3 4 5· 5 5 5 5 1 3 4

Em
Am
Em
5· 5 5 5 5 1 1 2 3· 3 3

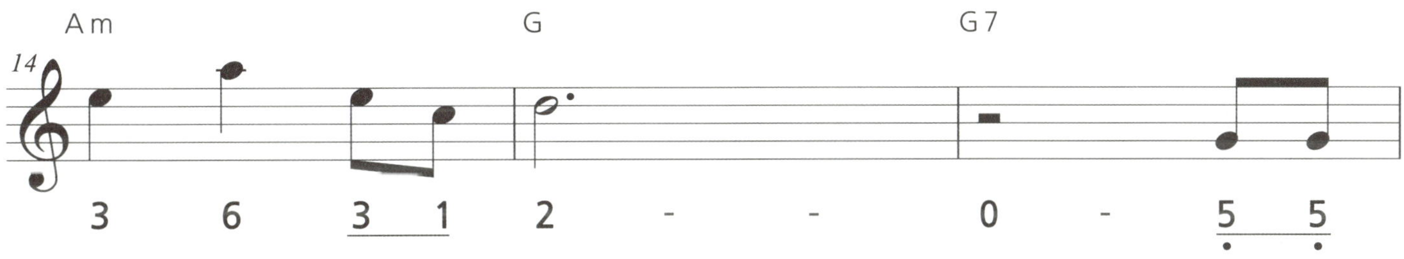
Am
G
G7
3 6 3 1 2 - - 0 - 5 5

C
Em/B
Am
1 - 1 2 3· 3 3 5 3· 3 2 1

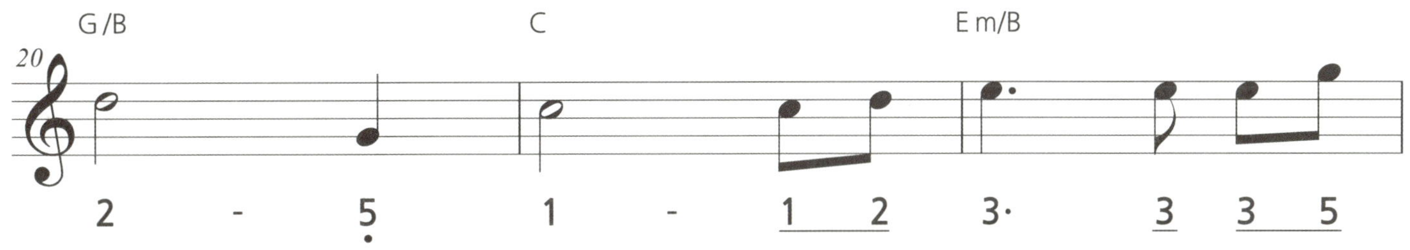
G/B
C
Em/B
2 - 5 1 - 1 2 3· 3 3 5

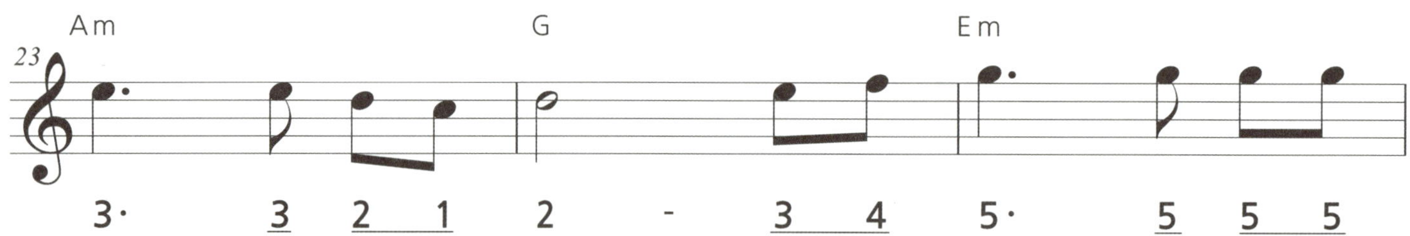

Am   G   Em
23
3· 3 2 1   2 - 3 4   5· 5 5 5

Am   Em   Am
26
5   1   3 4   5· 5 5 5   5   1   1 2

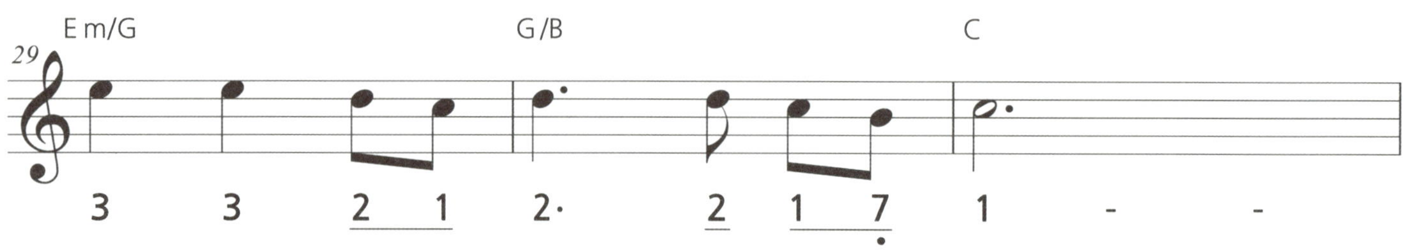

Em/G   G/B   C
29
3   3   2 1   2· 2 1 7   1 - -

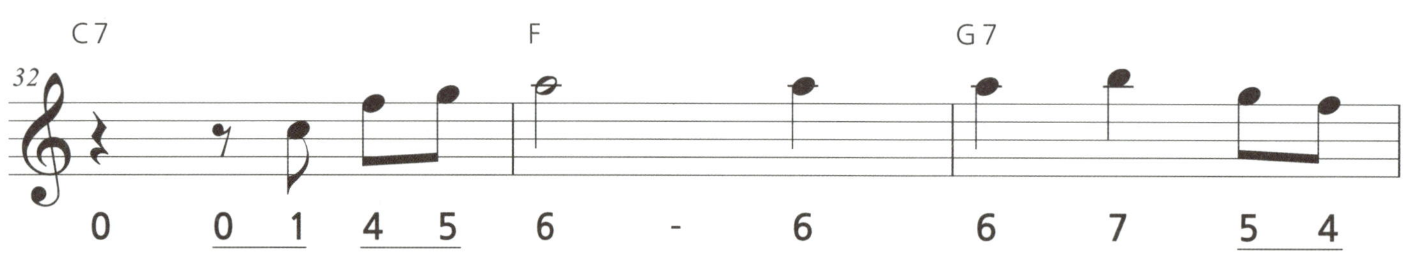

C7   F   G7
32
0   0 1 4 5   6 - 6   6 7 5 4

Em   Am   Dm
35
5 - 3   1· 1 2 3   4· 4 4

G7
C
C7
38
4 3 3 2 3· 2 3 4 5· 1 4 5

F
G7
Em
41
6 - 6 6· 7 5 4 5 - 7

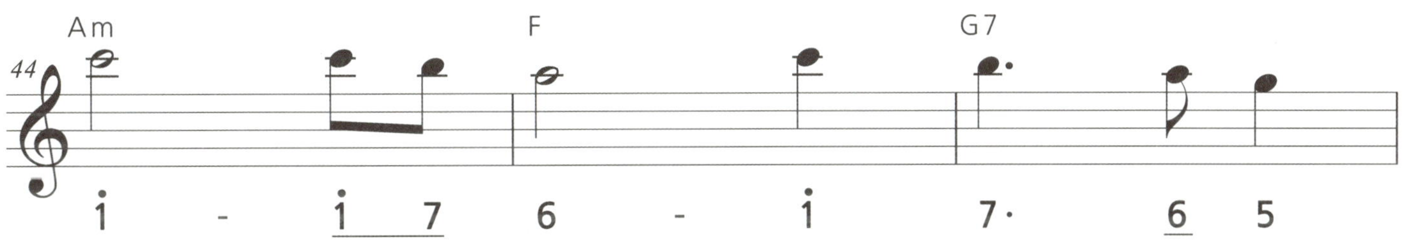

Am
F
G7
44
i - i 7 6 - i 7· 6 5

C
47
i - - 0 - i 2 3· i i 3

G/B
C
50
2 - - 2· 7 7 2 i -

바다가 보이는 마을

〈마녀 배달부 키키〉 OST

Hisaishi Joe 작곡

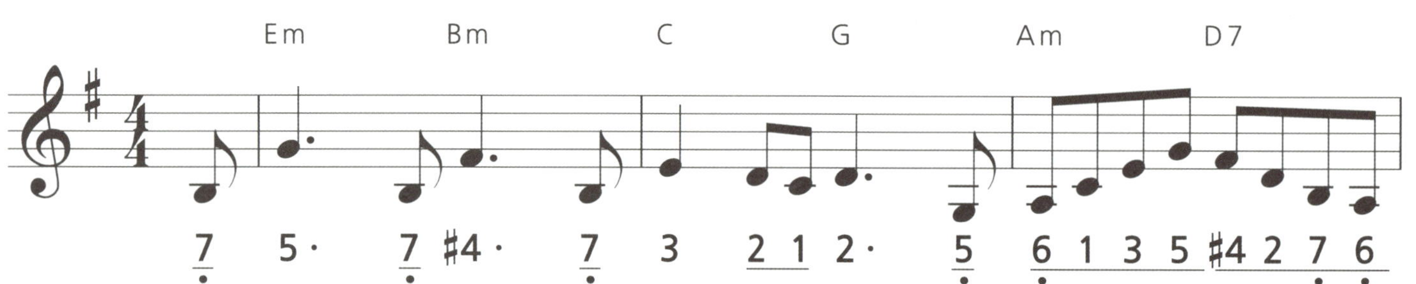

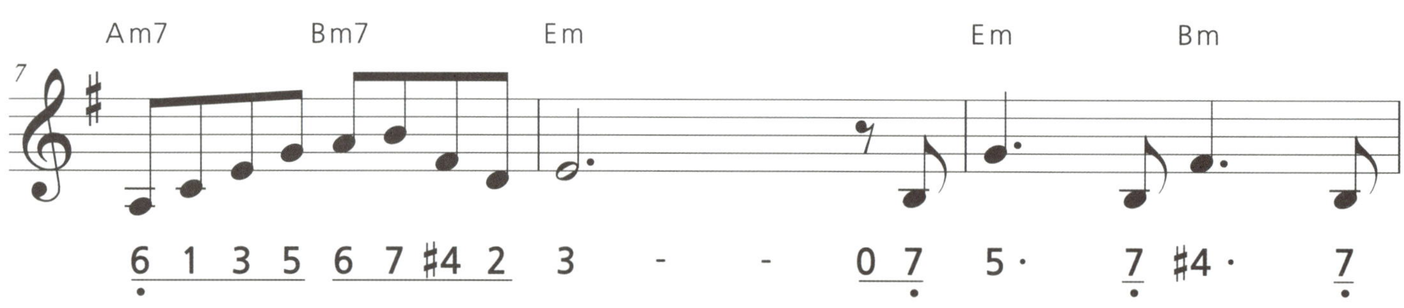

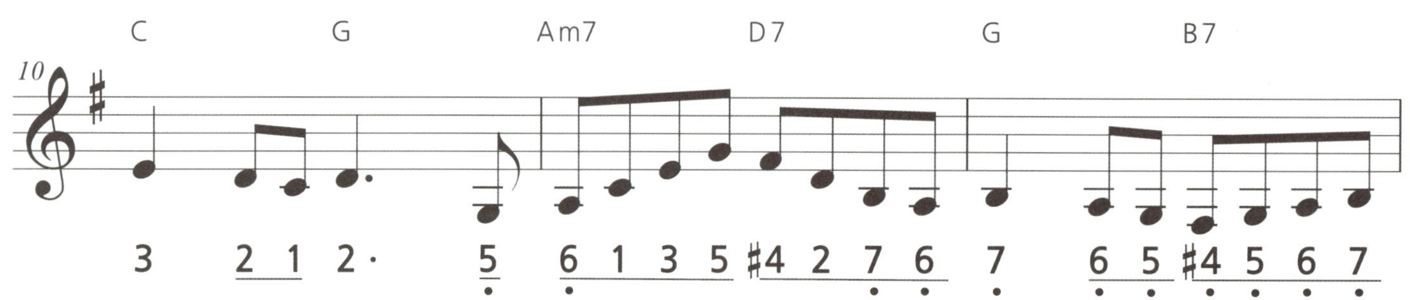

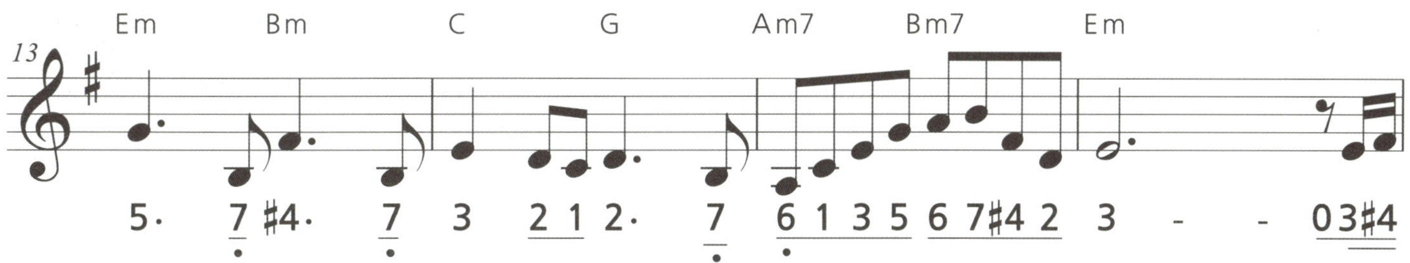

Em   Bm   C   G   Am7   Bm7   Em
5· 7 #4· 7 3 21 2· 7 6 1 3 5 6 7#4 2 3 — — 03#4

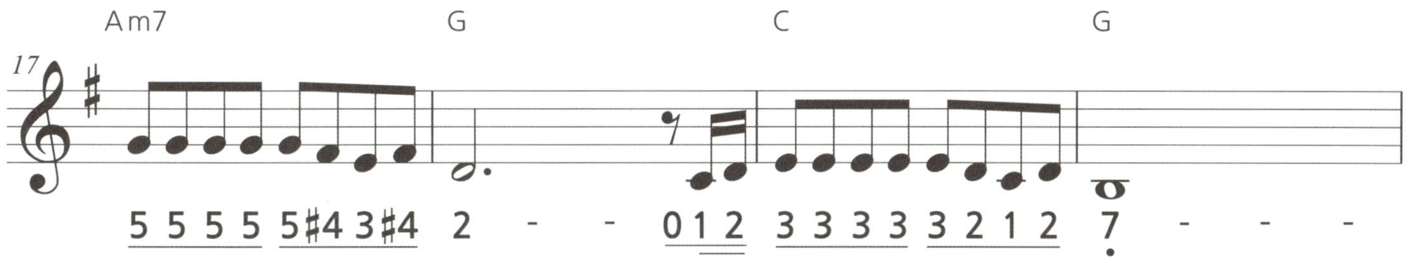

Am7   G   C   G
5 5 5 5 5#4 3#4 2 — — 01 2 3 3 3 3 3 2 1 2 7 — — —

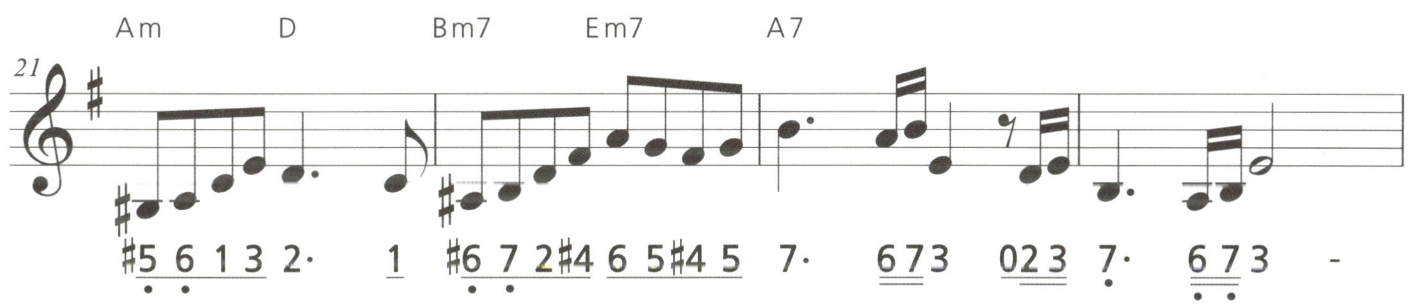

Am   D   Bm7   Em7   A7
#5 6 1 3 2· 1 #6 7 2#4 6 5#4 5 7· 6 7 3 02 3 7· 6 7 3 —

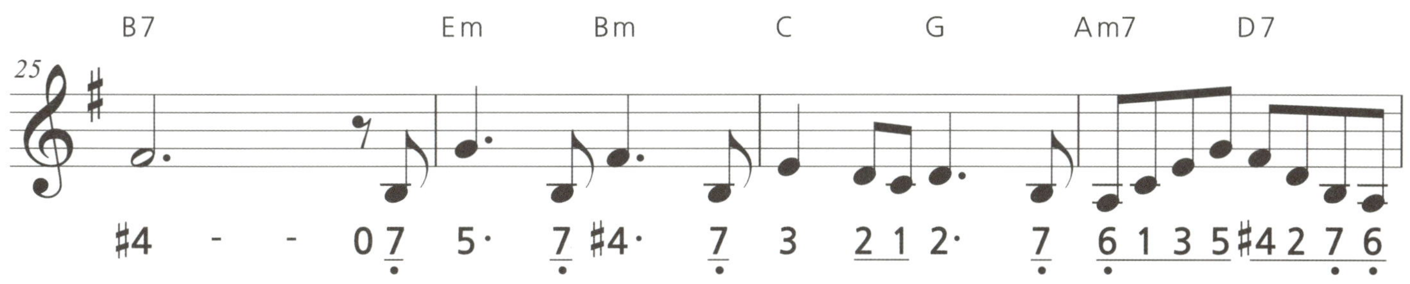

B7   Em   Bm   C   G   Am7   D7
#4 — — 07 5· 7 #4· 7 3 21 2· 7 6 1 3 5#4 2 7 6

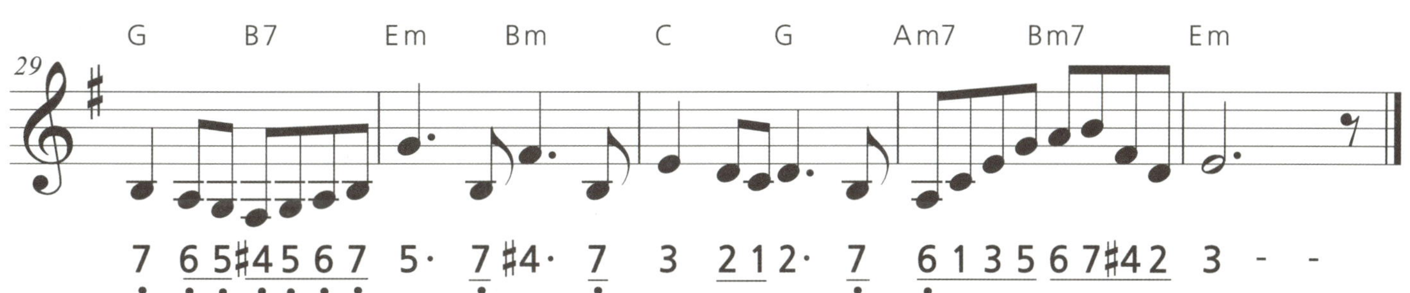

G   B7   Em   Bm   C   G   Am7   Bm7   Em
7 6 5#4 5 6 7 5· 7 #4· 7 3 21 2· 7 6 1 3 5 6 7#4 2 3 — —

또 다시

〈센과 치히로의 행방불명〉OST

Hisaishi Joe 작곡

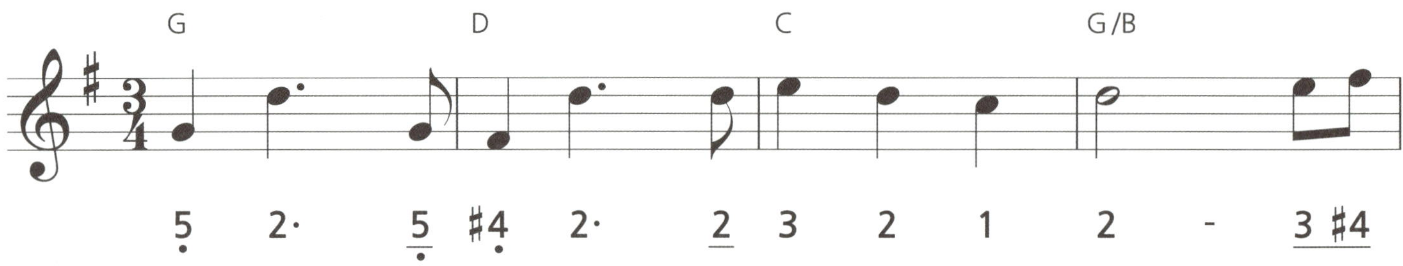

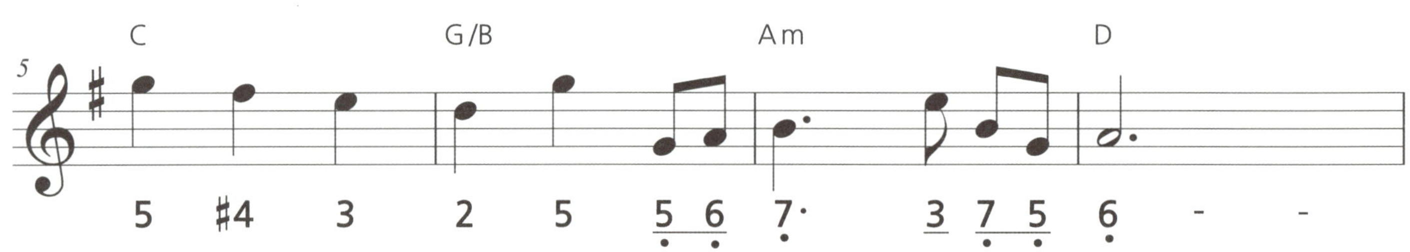

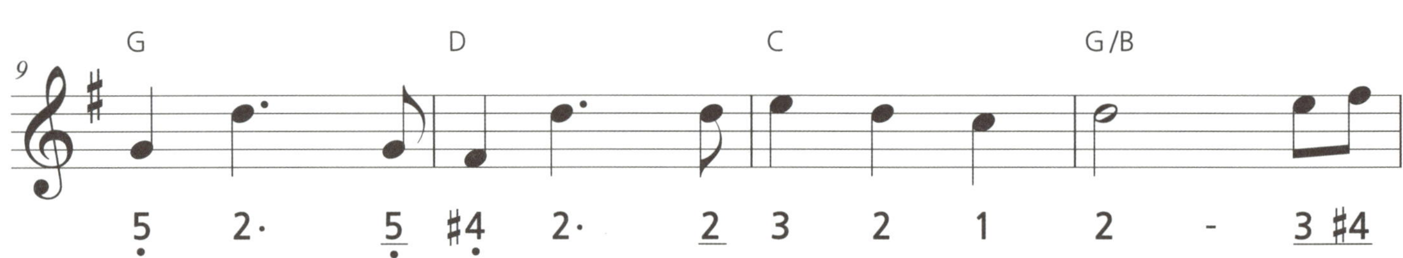

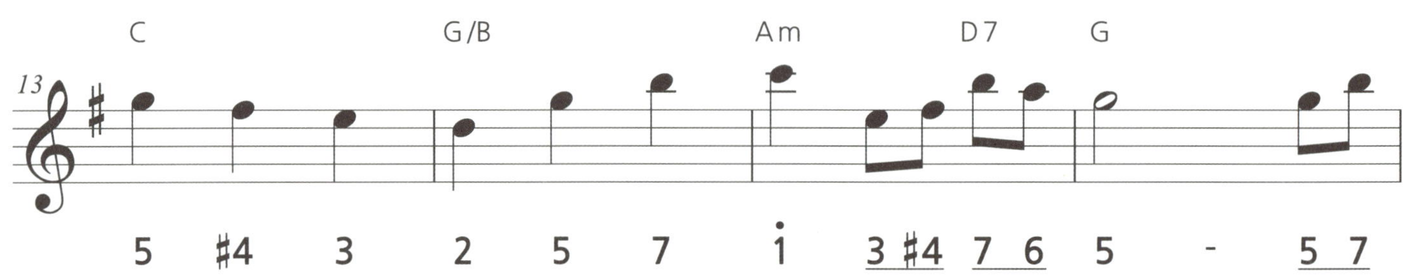

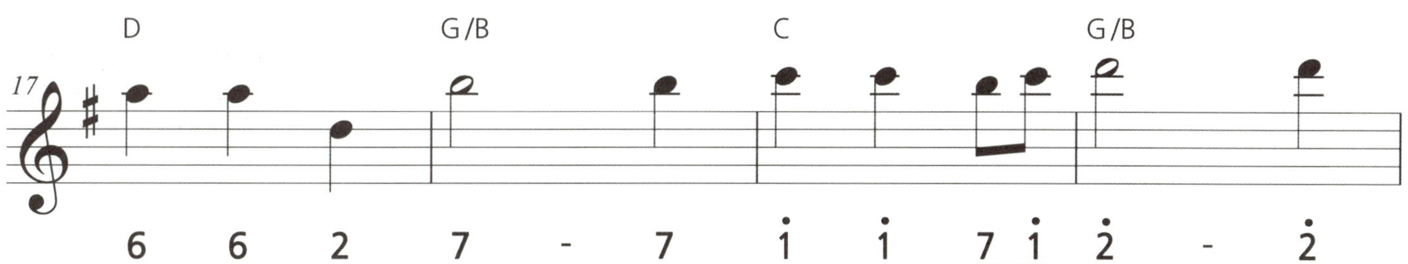

D   G/B   C   G/B
6 6 2 7 - 7   1 1 7 1 2 - 2

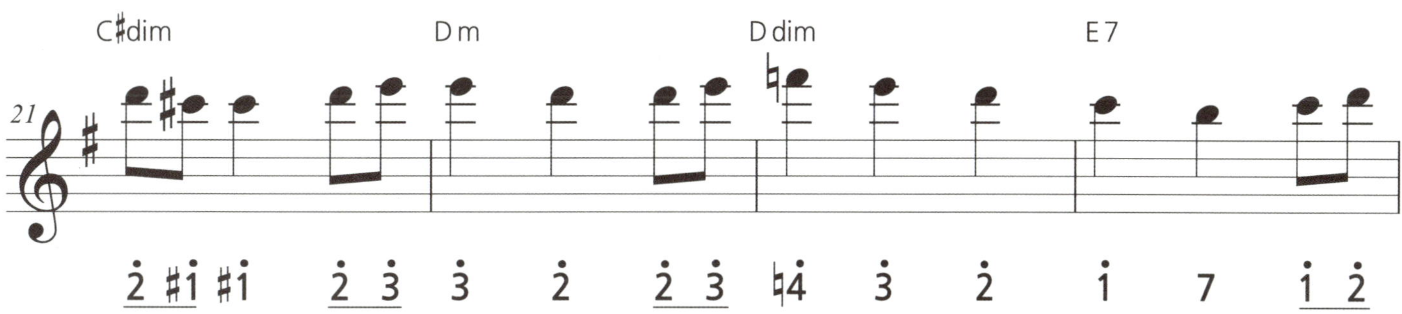

C#dim   Dm   Ddim   E7
2 #1 #1 2 3 3   2 2 3 #4 3   2 1 7 1 2

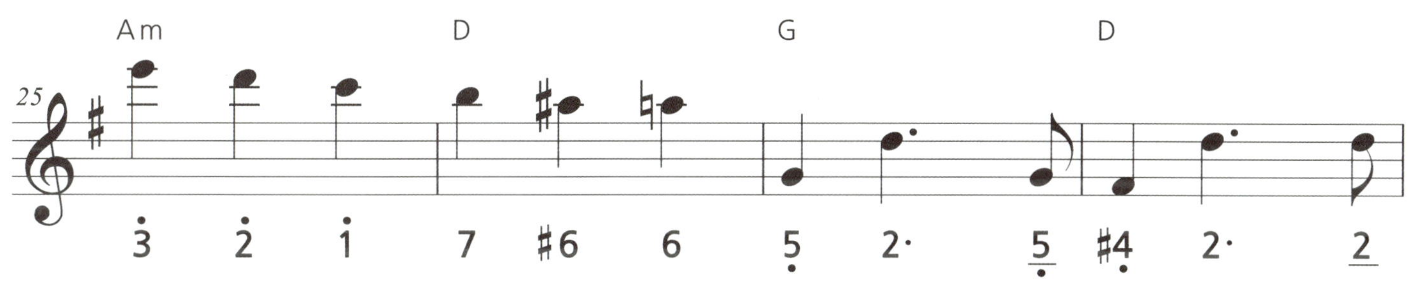

Am   D   G   D
3 2 1   7 #6 6   5 2· 5 #4   2· 2

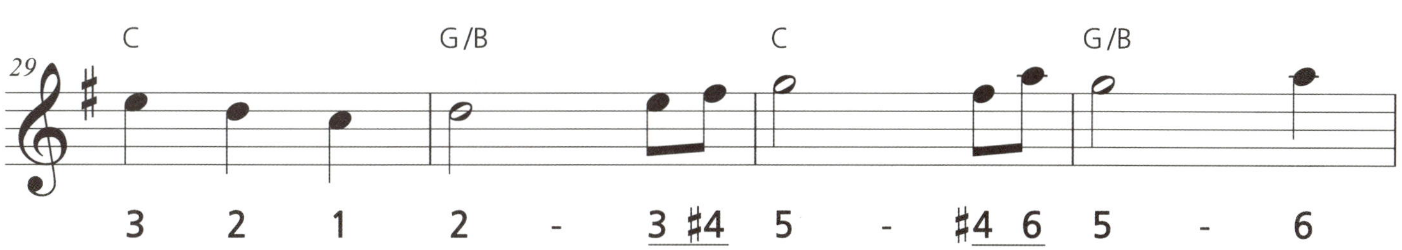

C   G/B   C   G/B
3 2 1   2 - 3 #4 5 - #4 6 5 - 6

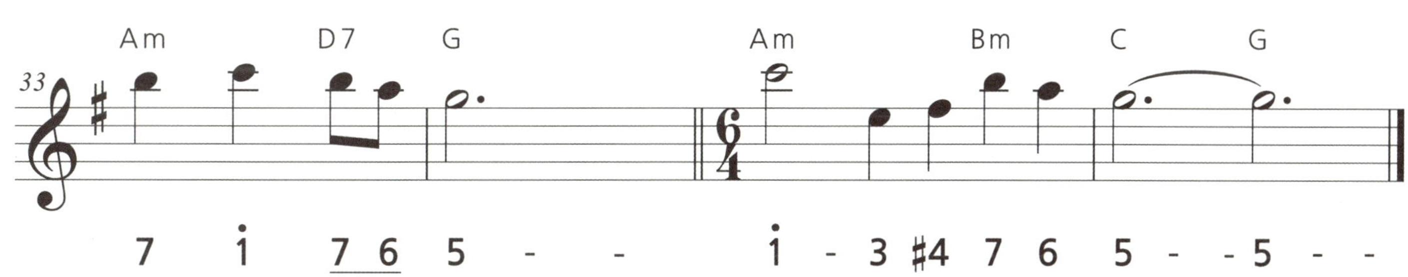

Am D7 G   Am   Bm   C   G
7 1 7 6 5 - -   1 - 3 #4 7 6 5 - 5 - -
6/4

너를 태우고

〈천공의 성 라퓨타〉 OST

Hisaishi Joe, Miyazaki Hayao 작곡

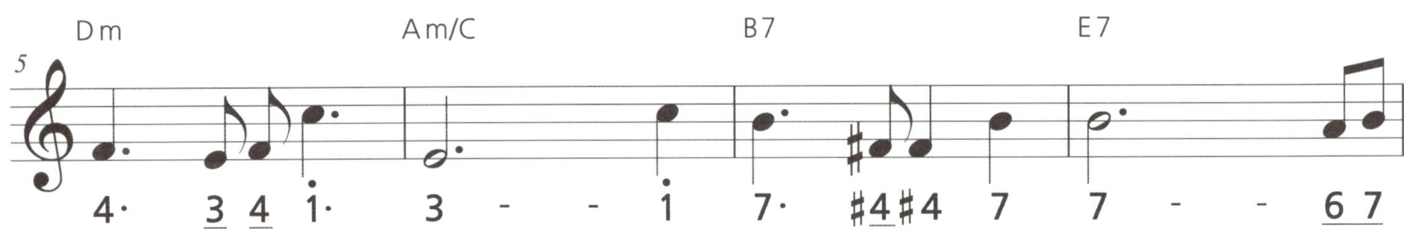

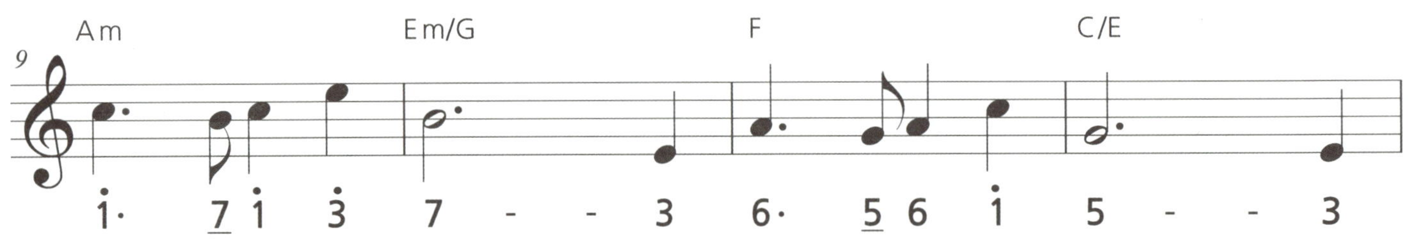

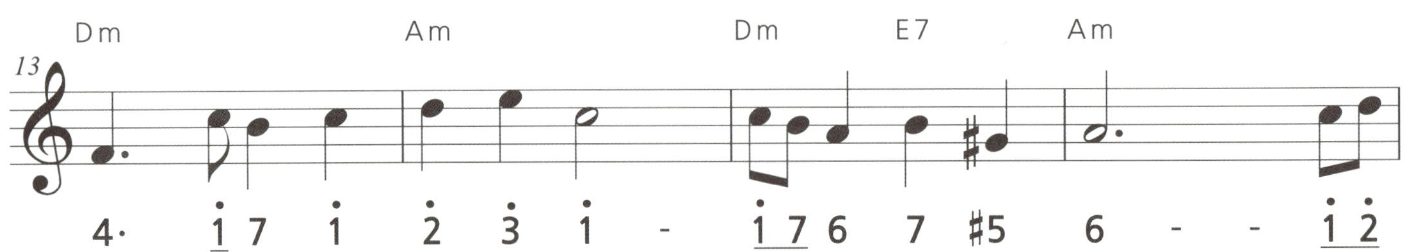

NO COPY

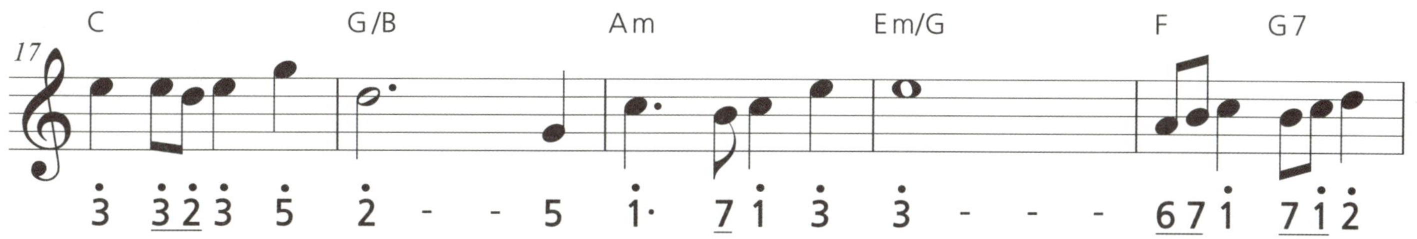

17
C   G/B   Am   Em/G   F   G7
3 3 2 3 5   2 - - 5   1· 7 1 3   3 - - -   6 7 1 7 1 2

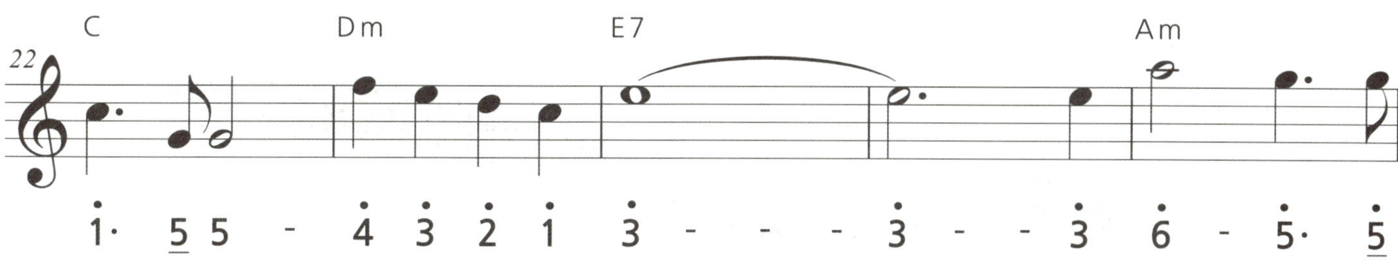

22
C   Dm   E7   Am
1· 5 5 - 4 3 2 1   3 - -   3 - - 3 6 - 5· 5

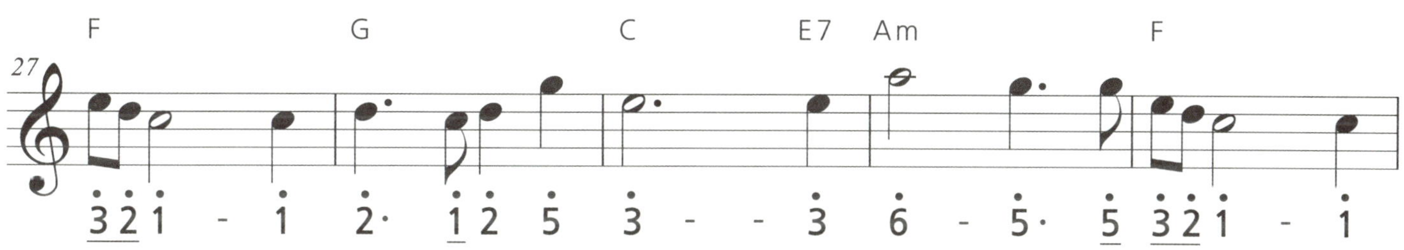

F   G   C   E7   Am   F
3 2 1 - 1   2· 1 2 5   3 - - 3 6 - 5· 5   3 2 1 - 1

32
G   Am   Em/G   F
2· 1 2 7   6 - - 6 7   1· 7 1 3   7 - - 3   6· 5 6 1

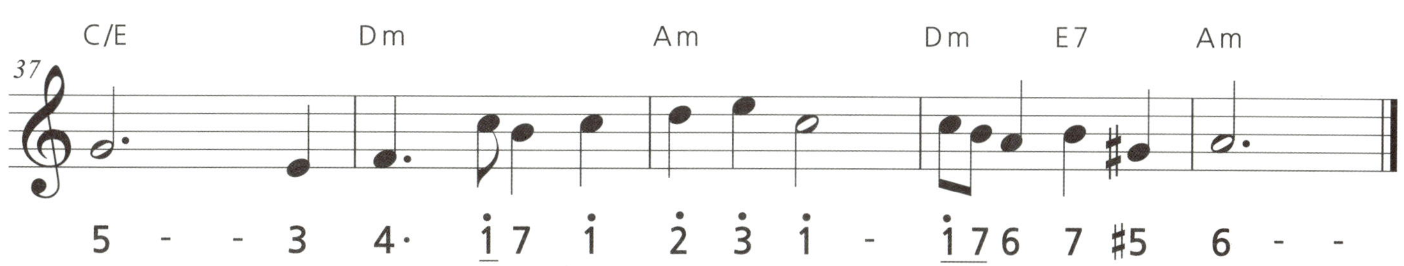

37
C/E   Dm   Am   Dm   E7   Am
5 - - 3   4· 1 7 1   2 3 1 -   1 7 6 7 ♯5   6 - -

아시타카의 전설

〈모노노케 히메〉OST

Hisaishi Joe 작곡

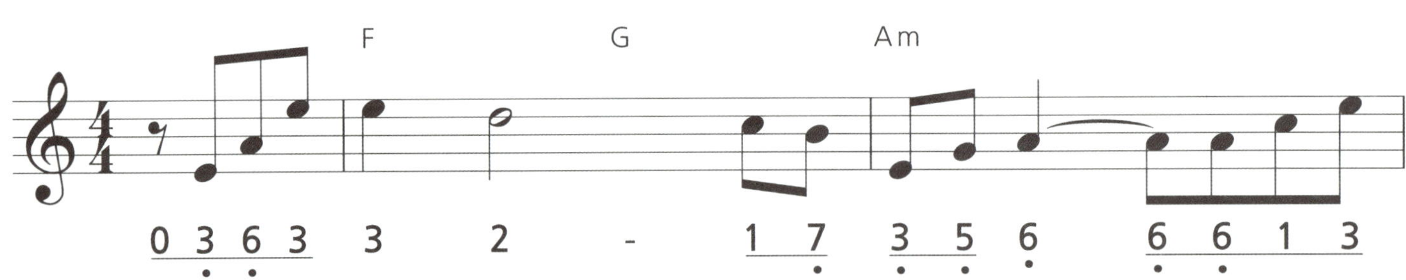

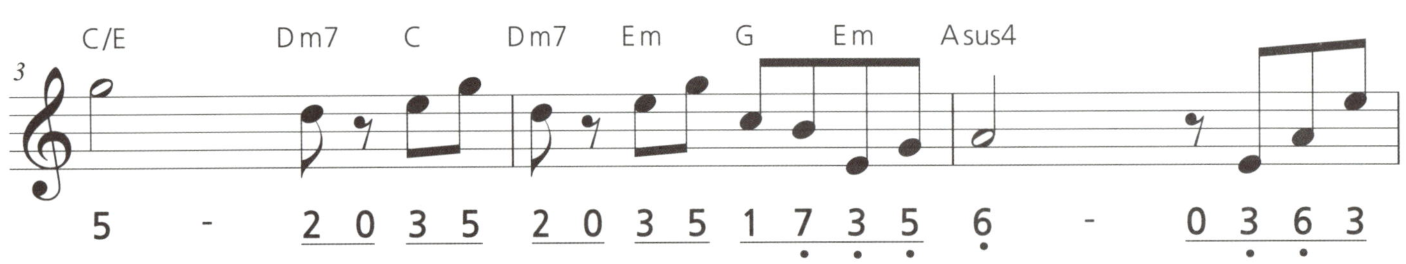

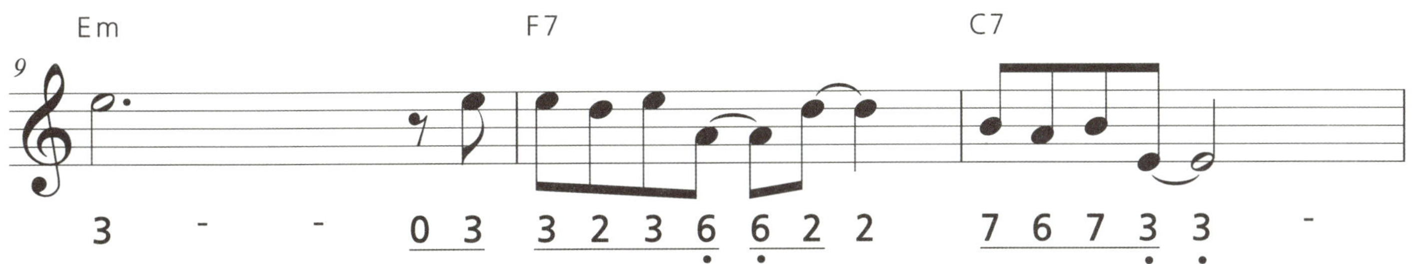
Em
F7
C7
3 - - 0 3 3 2 3 6 6 2 2 7 6 7 3 3 -

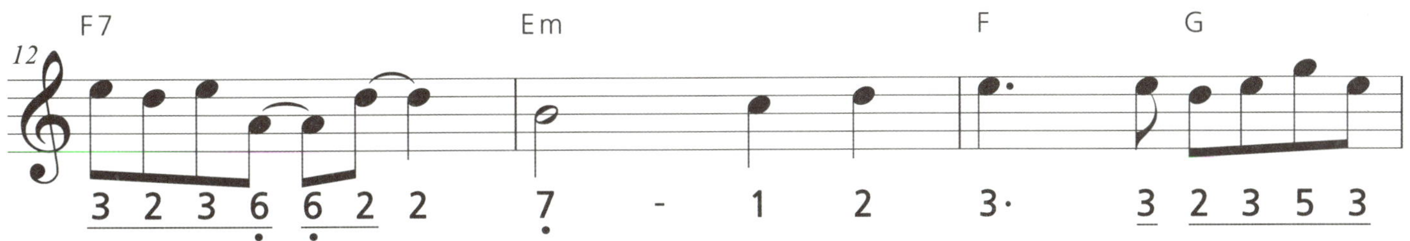
F7
Em
F
G
3 2 3 6 6 2 2 7 - 1 2 3· 3 2 3 5 3

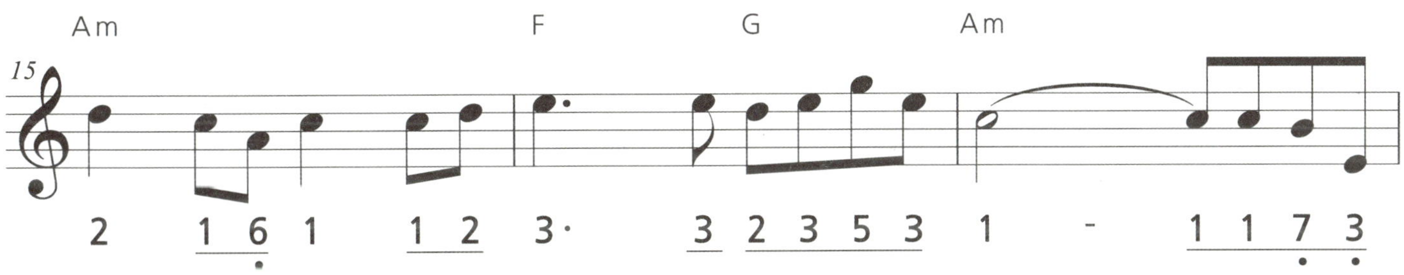
Am
F
G
Am
2 1 6 1 1 2 3· 3 2 3 5 3 1 - 1 1 7 3

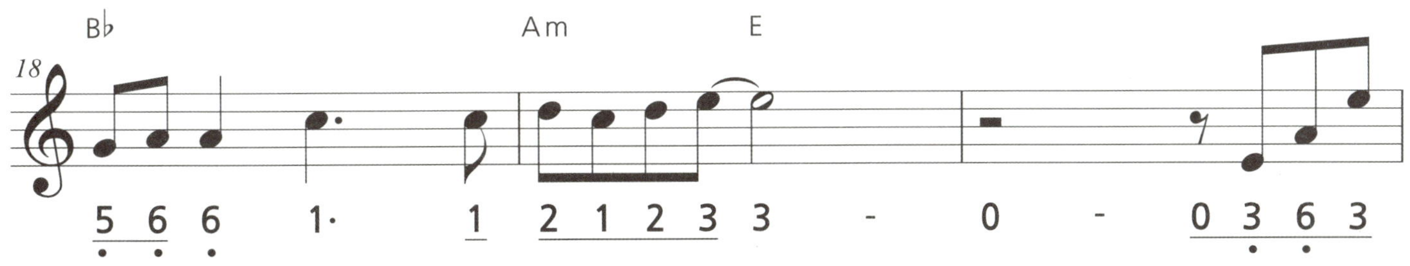
B♭
Am
E
5 6 6 1· 1 2 1 2 3 3 - 0 - 0 3 6 3

F
G
Am
Em
Bm7
3 2 - 1 7 3 5 6 6 6 1 3 5· 3 #4· 2

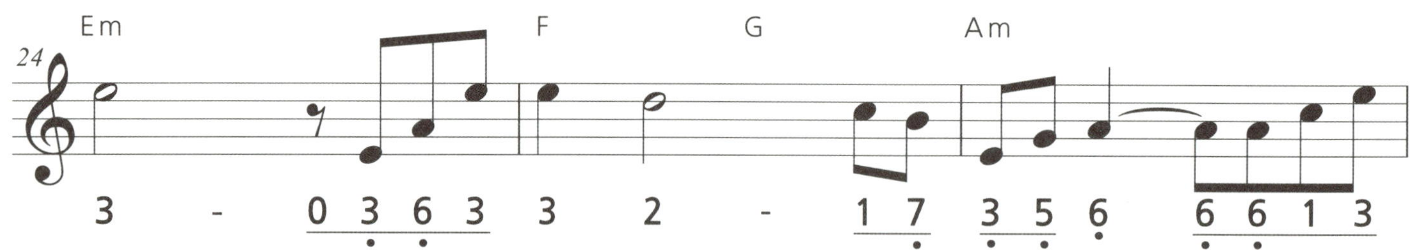
Em
F
G
Am
3 - 0 3 6 3 3 2 - 1 7 3 5 6 6 6 1 3
24

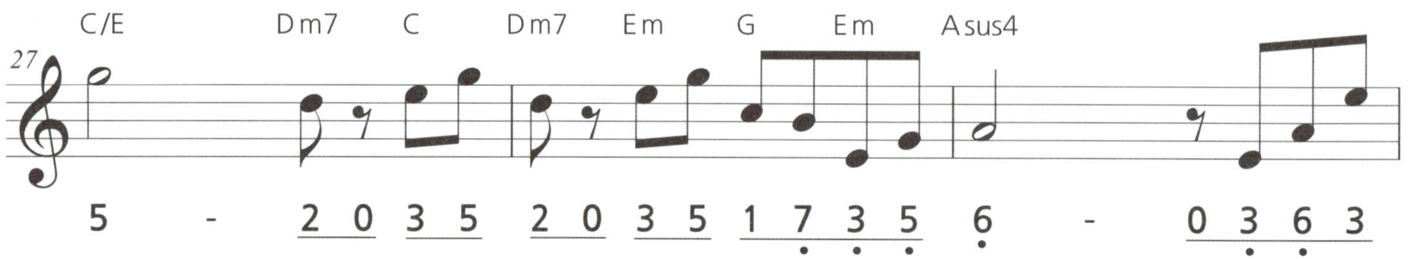
C/E
Dm7
C
Dm7
Em
G
Em
Asus4
5 - 2 0 3 5 2 0 3 5 1 7 3 5 6 - 0 3 6 3
27

F
G
Am
Em
Bm7
3 2 - 1 7 3 5 6 6 6 1 3 5· 3 #4· 2
30

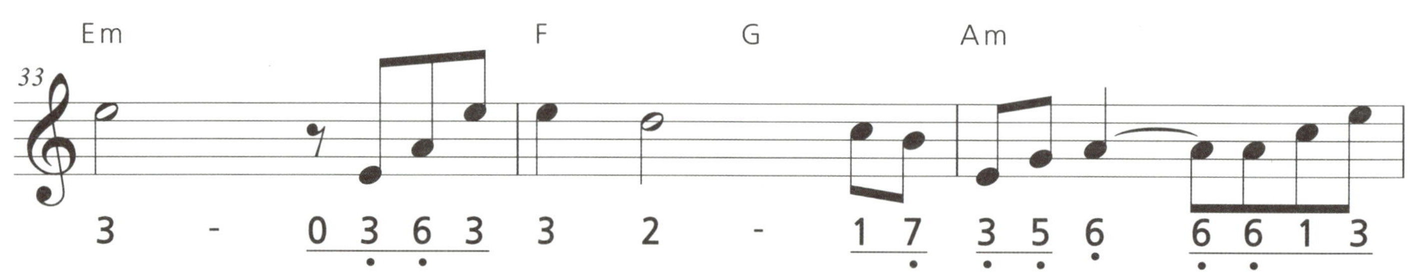
Em
F
G
Am
3 - 0 3 6 3 3 2 - 1 7 3 5 6 6 6 1 3
33

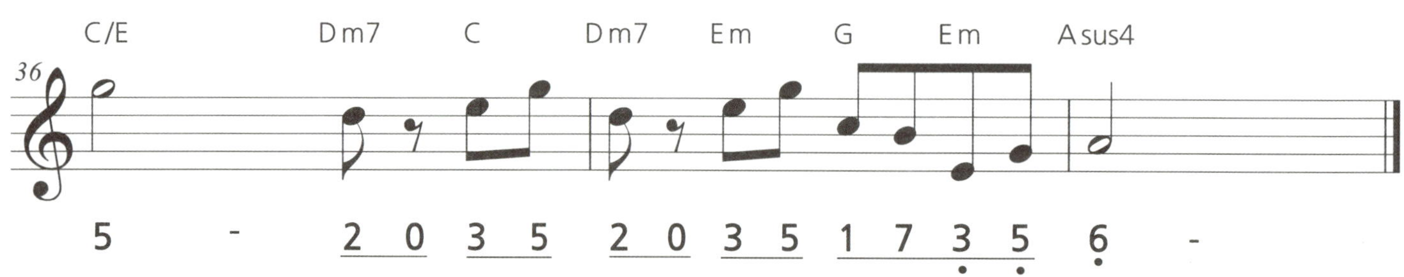
C/E
Dm7
C
Dm7
Em
G
Em
Asus4
5 - 2 0 3 5 2 0 3 5 1 7 3 5 6 -
36

바람이 되어

〈고양이의 보은〉 OST

Tsuji Ayano, Jasrac 작곡

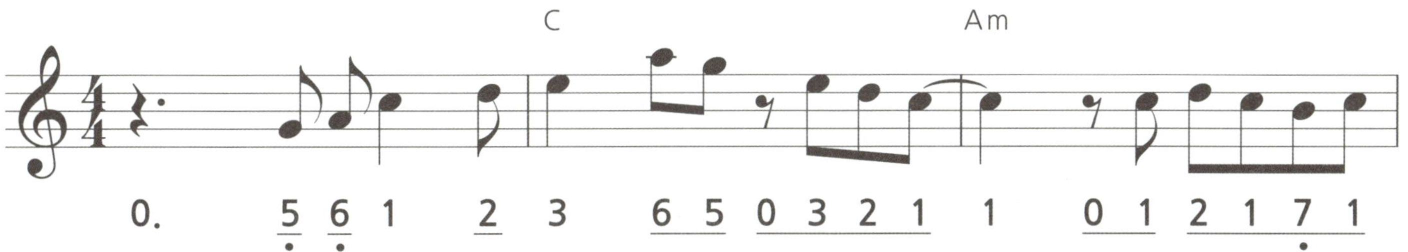

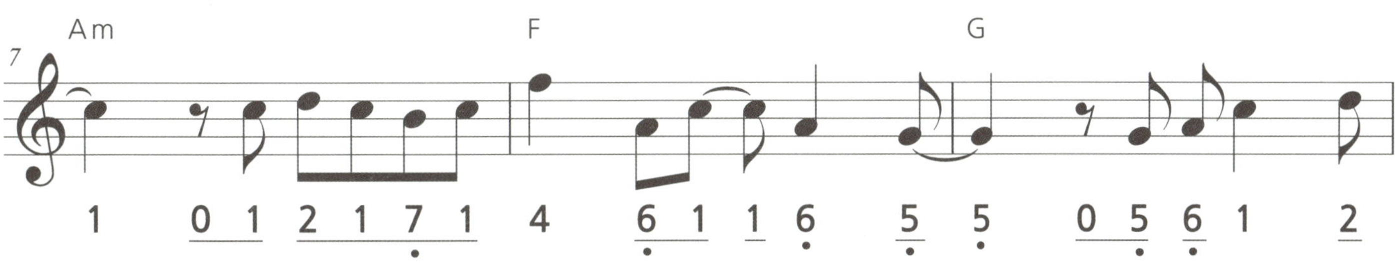

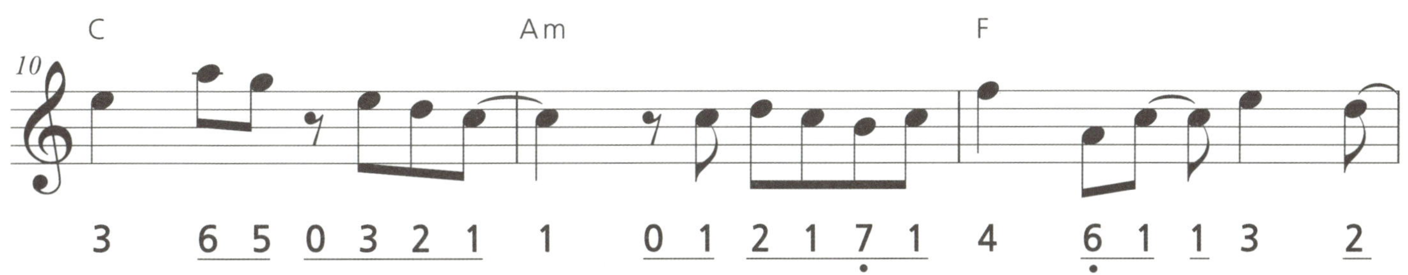

NO COPY

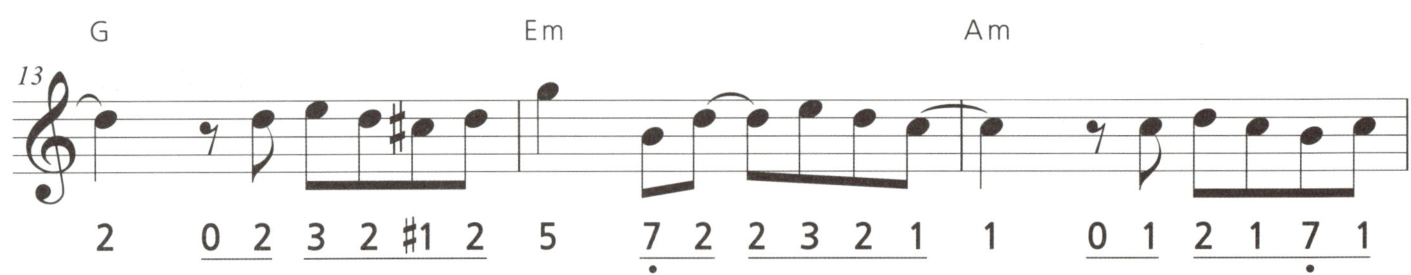
G
Em
Am
13
2   0 2 3 2 #1 2   5   7 2 2 3 2 1   1   0 1 2 1 7 1

F   G   C   F
16
4   6 1 1 2   1   1   0 3 4 3 2 3   4   3 2 2 3   4

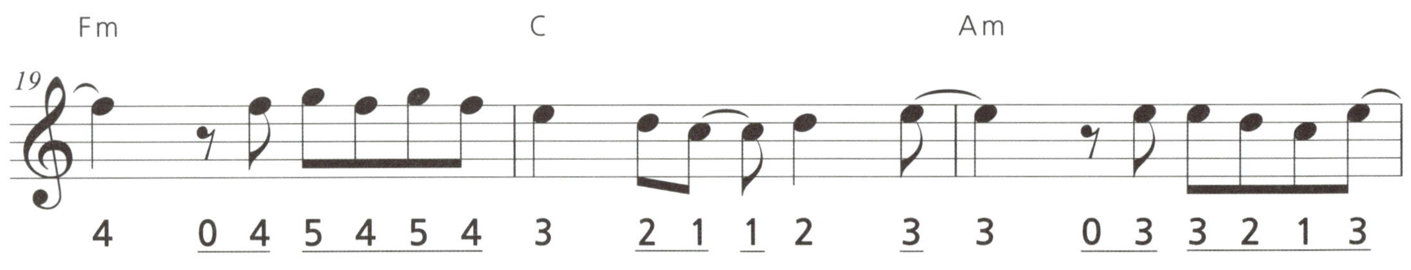
Fm   C   Am
19
4   0 4 5 4 5 4   3   2 1 1 2   3   3   0 3 3 2 1 3

D   G
22
3   2 2 2 #1   2   2   0 2 2 3 #4 2   6   5 5 5 #4   5

G   C   G
25
5   0 3 4 3 4 5   5   0 3 4 3 4 5   5   0 5 6 5 6 7

NO COPY

Am
Em
F
28
1 3 3 6 5 5 - 0 1 2 1 4 3 2 2 1·

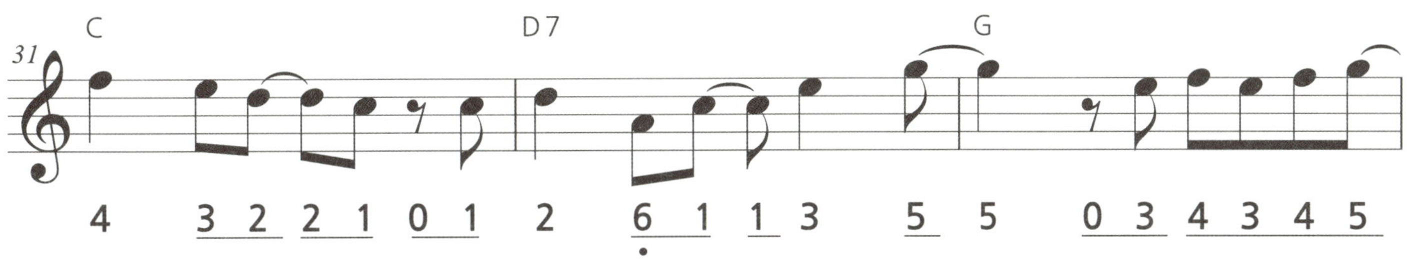
C
D7
G
31
4 3 2 2 1 0 1 2 6 1 1 3 5 5 0 3 4 3 4 5

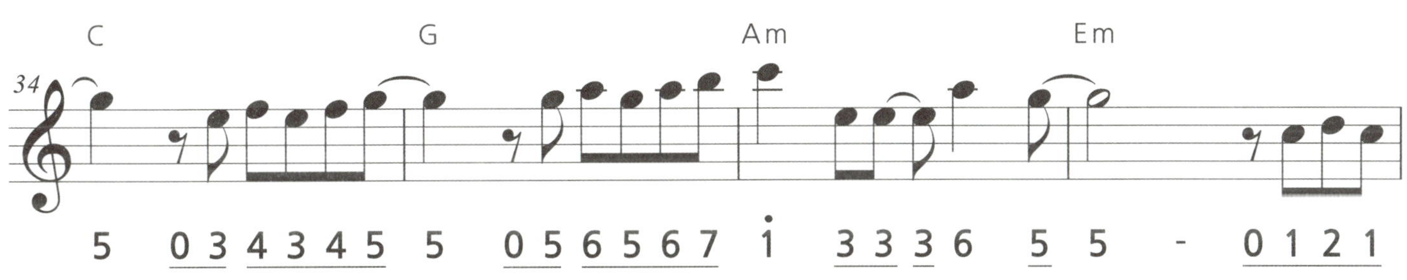
C
G
Am
Em
34
5 0 3 4 3 4 5 5 0 5 6 5 6 7 1 3 3 6 5 5 - 0 1 2 1

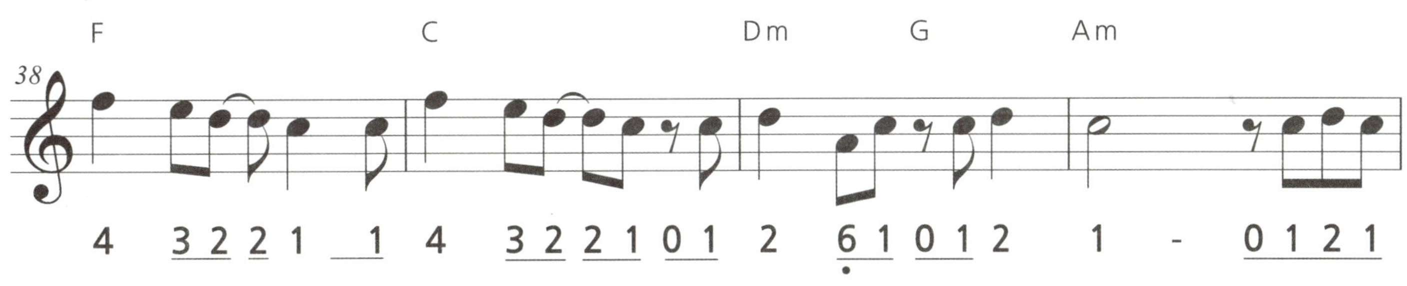
F
C
Dm
G
Am
38
4 3 2 2 1 1 4 3 2 2 1 0 1 2 6 1 0 1 2 1 - 0 1 2 1

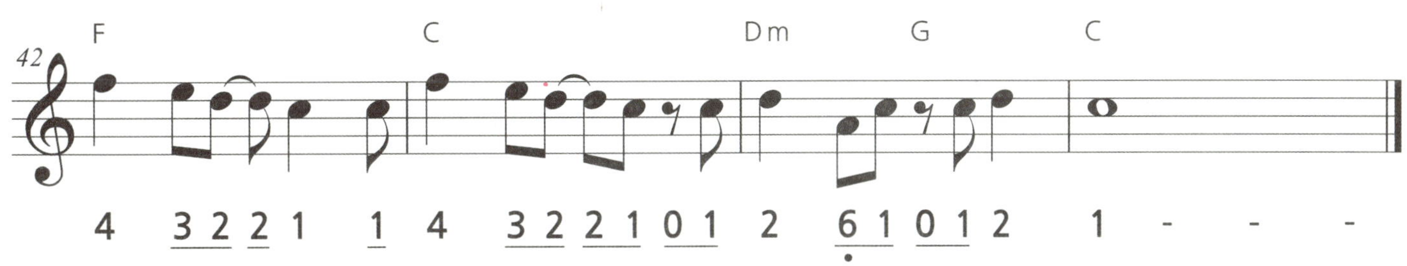
F
C
Dm
G
C
42
4 3 2 2 1 1 4 3 2 2 1 0 1 2 6 1 0 1 2 1 - - -

어느 여름날

〈센과 치히로의 행방불명〉 OST

Hisaishi Joe 작곡

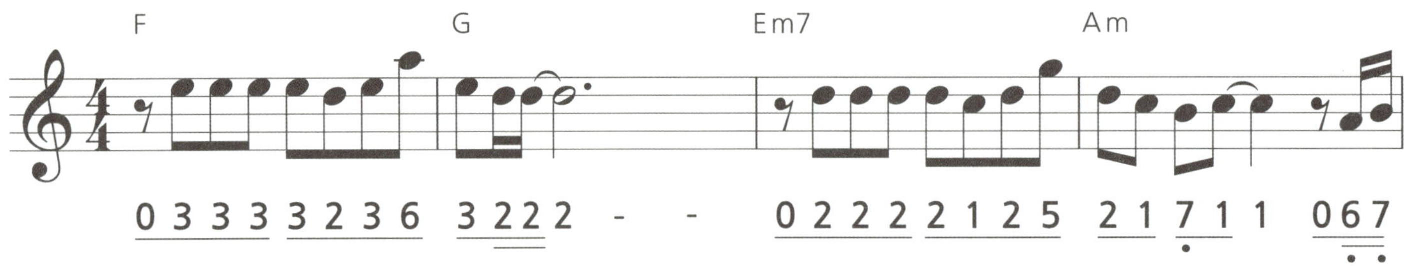

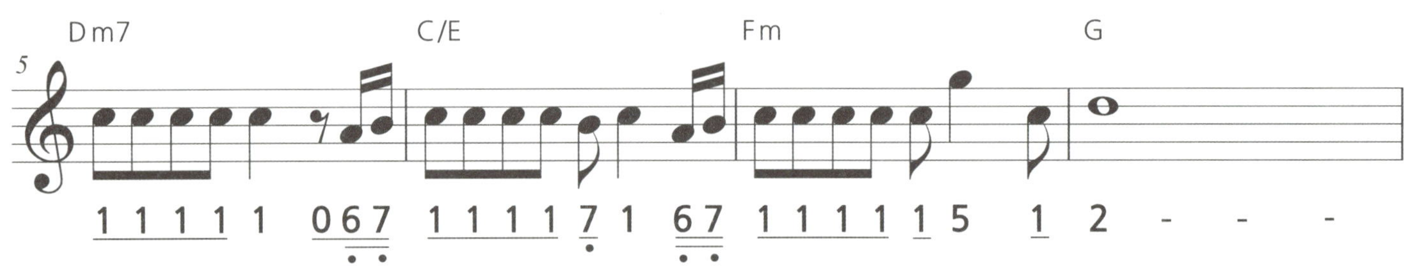

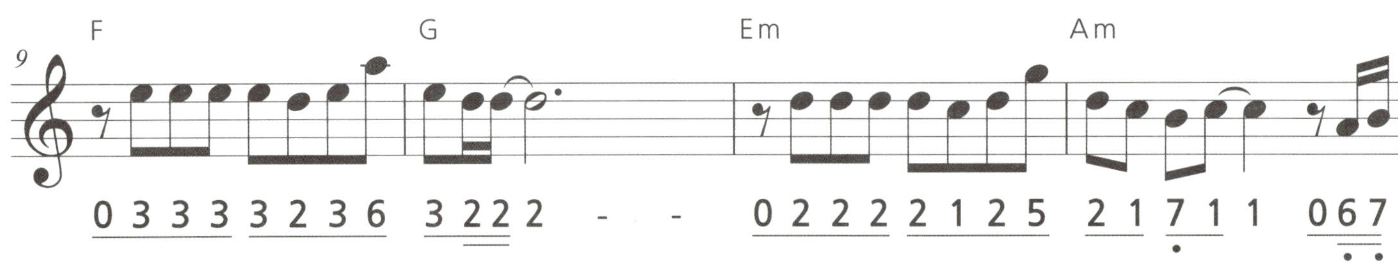

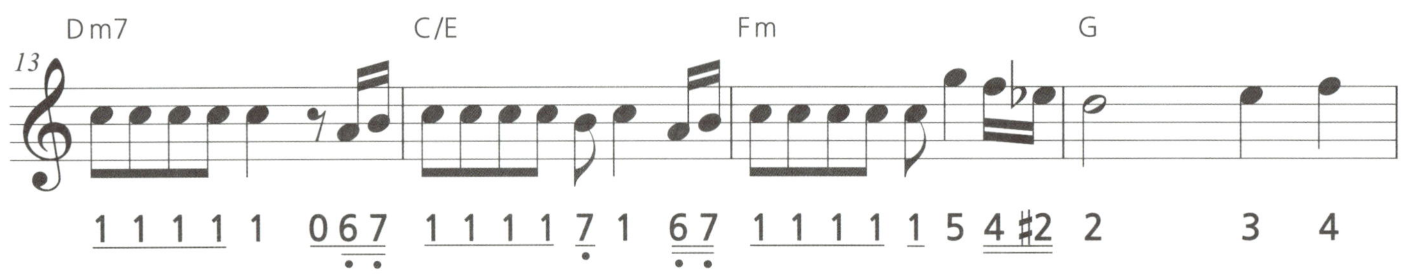

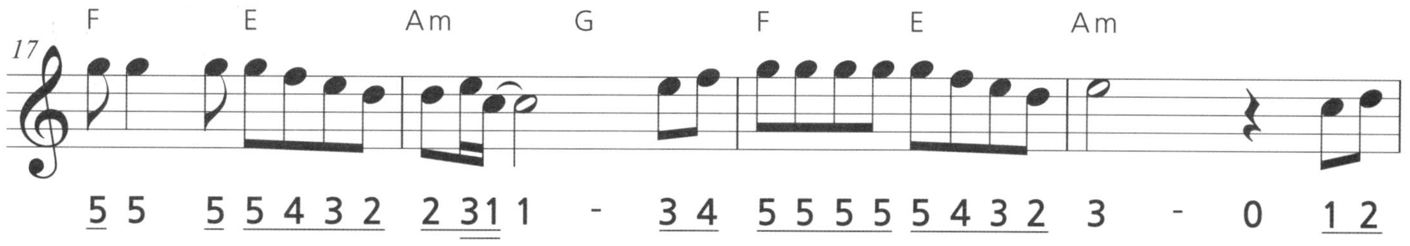
F E Am G F E Am
5 5 5 5 4 3 2 2 3 1 1 - 3 4 5 5 5 5 5 4 3 2 3 - 0 1 2

Dm G Dm G7
3· 6 1 - 0 - - 1 2 3· 6 1 - 1 - - 6 7

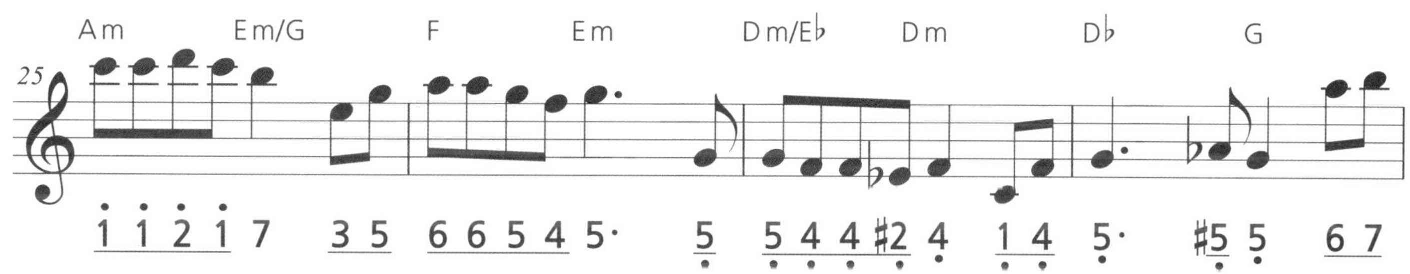
Am Em/G F Em Dm/E♭ Dm D♭ G
1 1 2 1 7 3 5 6 6 5 4 5· 5 5 4 4 #2 4 1 4 5· #5 5 6 7

Am Em/G F Em Cm/E♭ Dm D♭ C7
1 1 2 1 7 3 5 6 6 5 4 5· 5 5 4 4 #2 4 5 #5 #6 #5 #5 5 #5 5 #5 #6

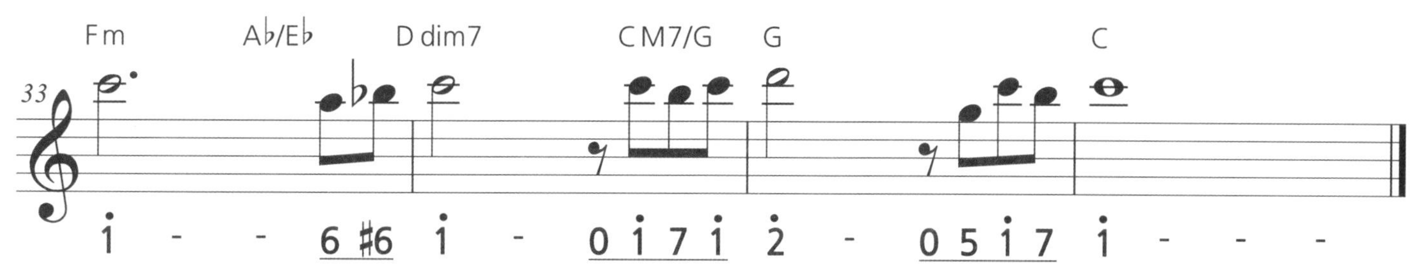
Fm A♭/E♭ Ddim7 CM7/G G C
1 - - 6 #6 1 - 0 1 7 1 2 - 0 5 1 7 1 - - -

세계의 약속

〈하울의 움직이는 성〉 OST

Kimura Yumi 작곡

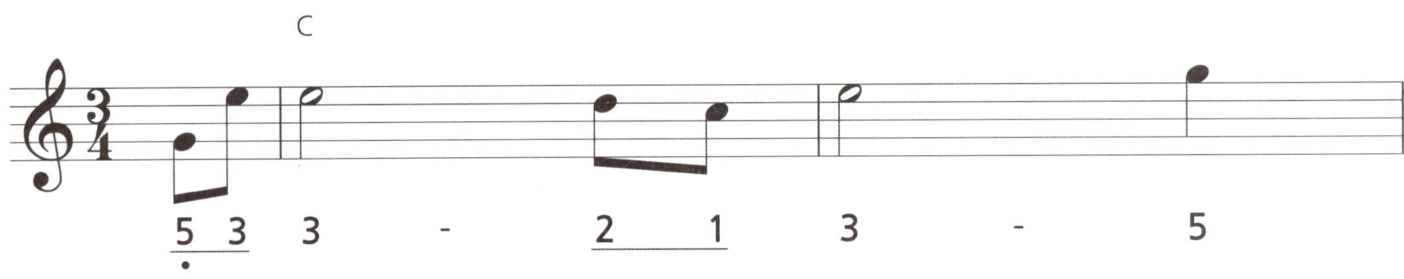

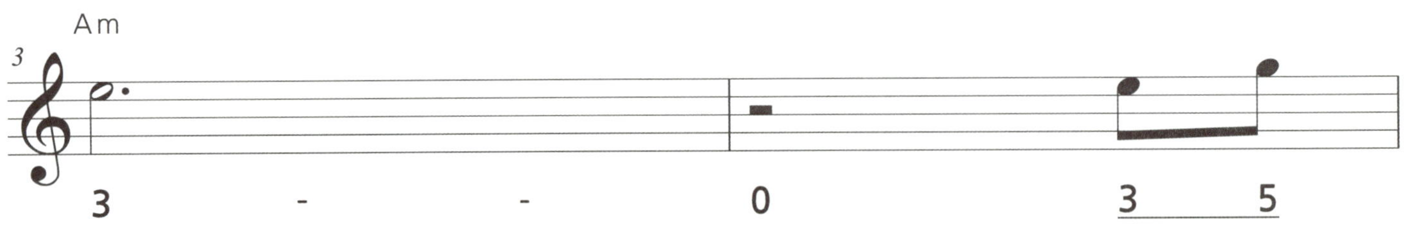

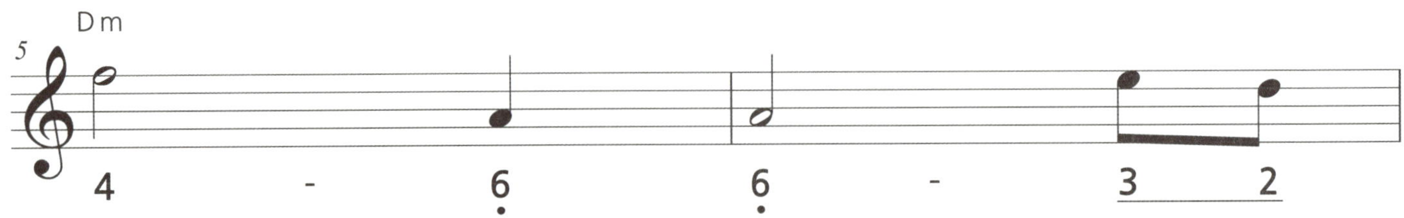

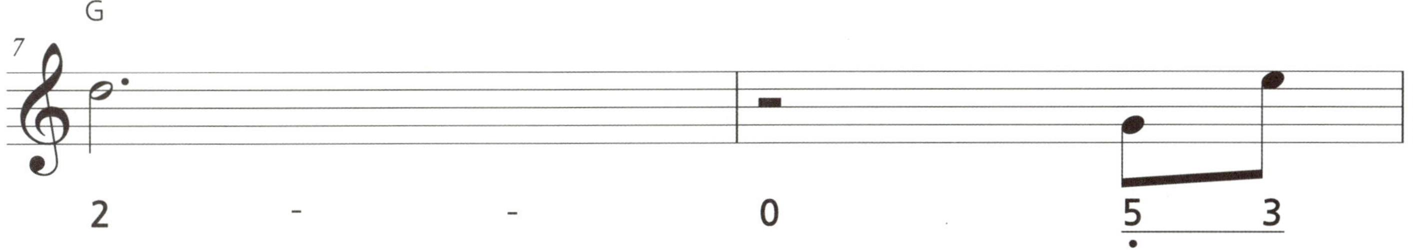
G
7
2 - - 0 5 3

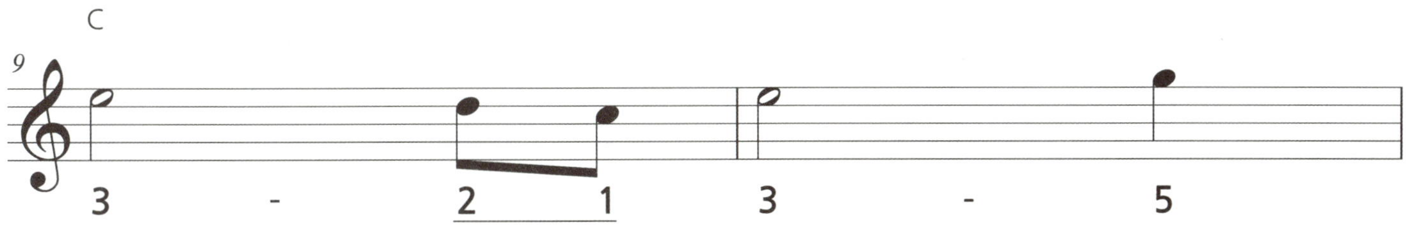
C
9
3 - 2 1 3 - 5

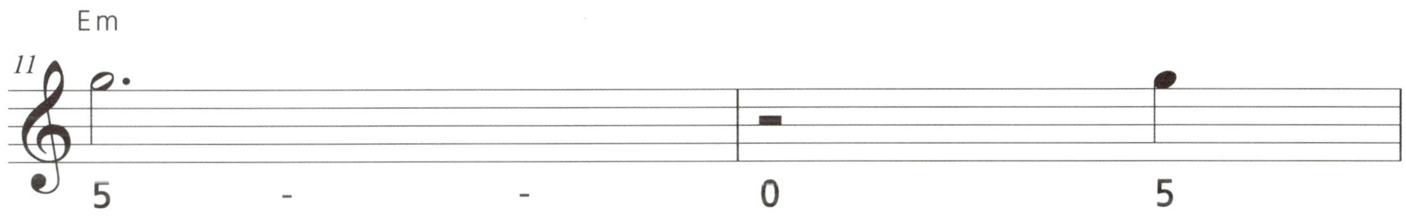
Em
11
5 - - 0 5

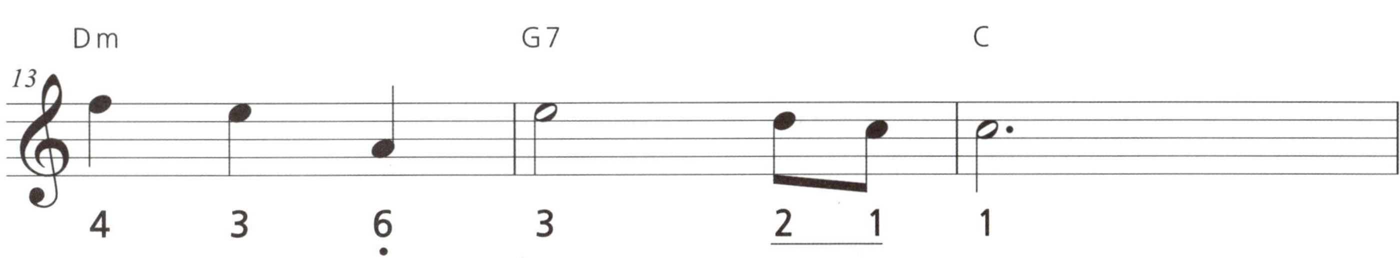
Dm   G7   C
13
4 3 6 3 2 1 1

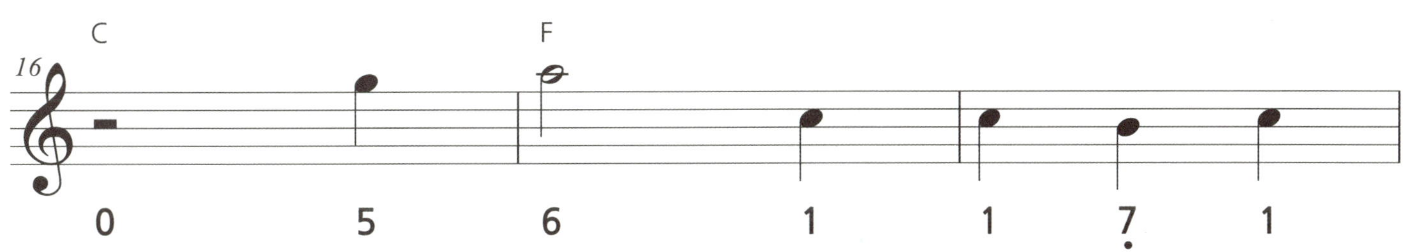
C   F
16
0 5 6 1 1 7 1

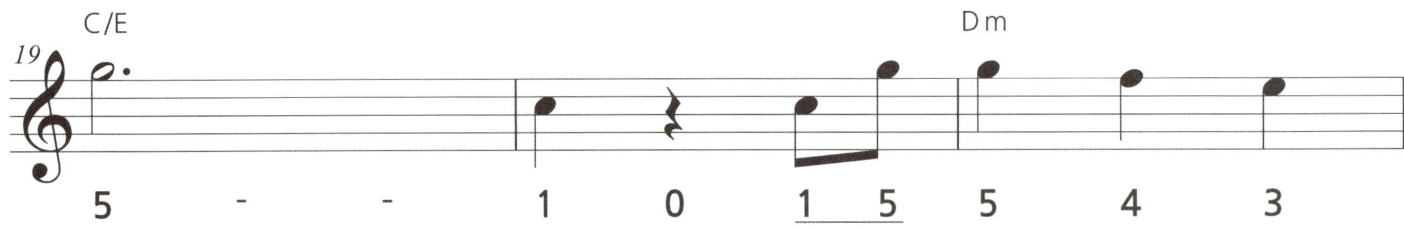
C/E
Dm
19
5 - - 1 0 1 5 5 4 3

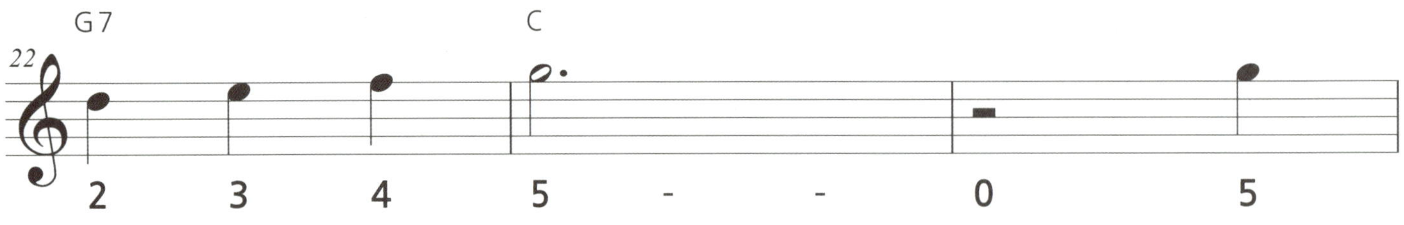
G7
C
22
2 3 4 5 - - 0 5

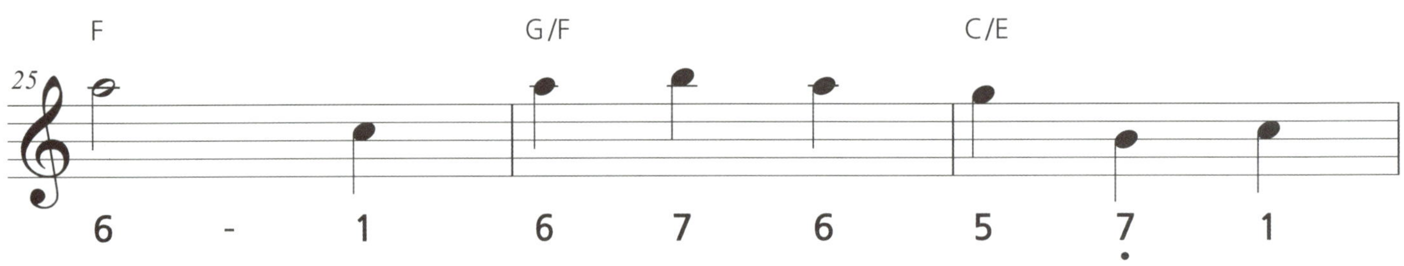
F
G/F
C/E
25
6 - 1 6 7 6 5 7 1

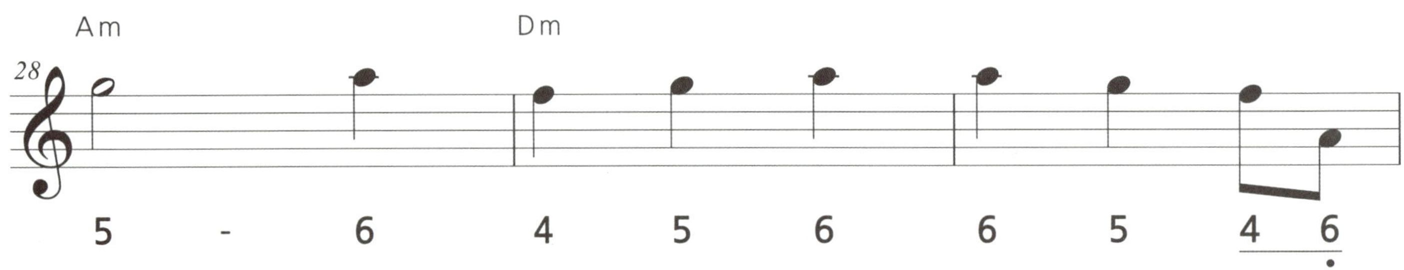
Am
Dm
28
5 - 6 4 5 6 6 5 4 6

G7
C
31
3 - - 2 - 5 3 3 - 2 1

NO COPY

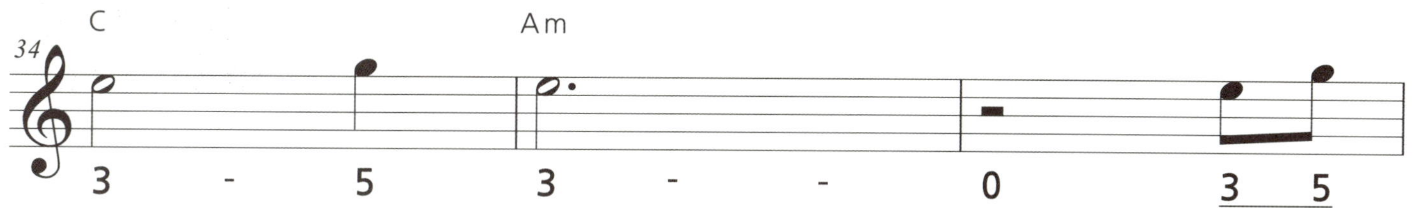

C
Am
34
3 - 5 3 - - 0 3 5

Dm
G7
37
4 - 6 6 - 3 2 2 - -

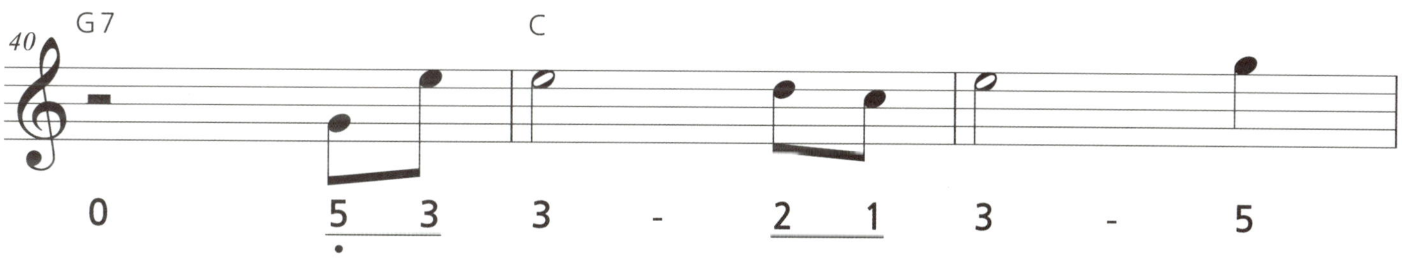

G7
C
40
0 5 3 3 - 2 1 3 - 5

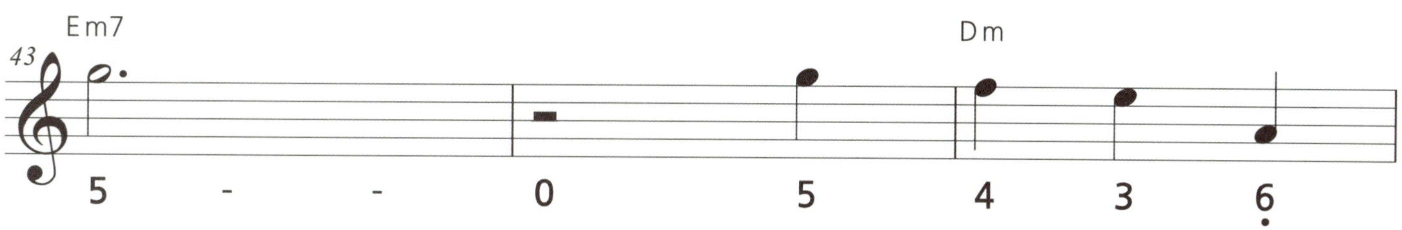

Em7
Dm
43
5 - - 0 5 4 3 6

G7
C
46
3 - 2 1 1 - - 1 -

일 시작

〈마녀 배달부 키키〉 OST

Hisaishi Joe 작곡

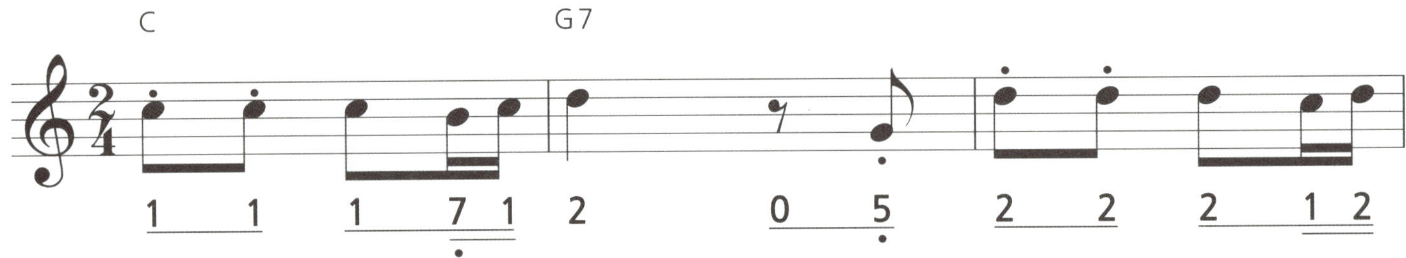

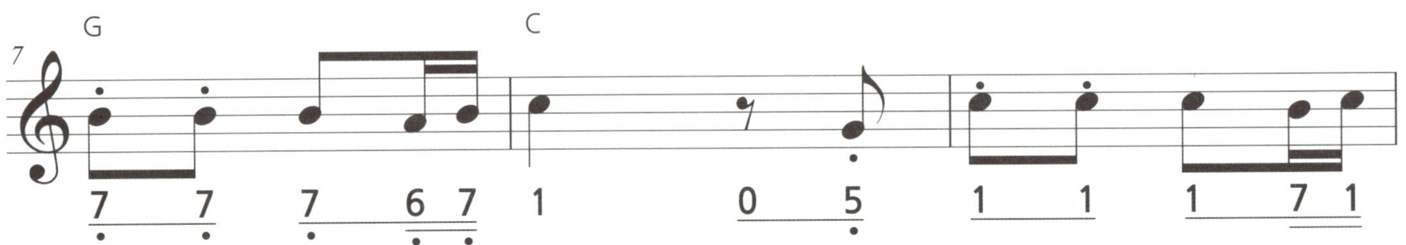

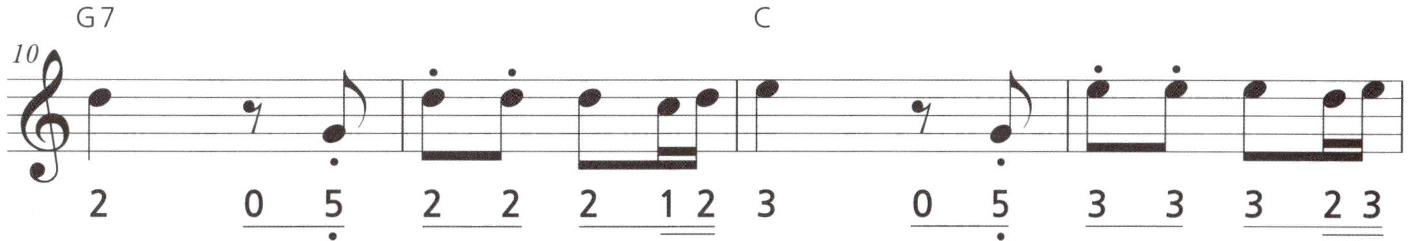
G7
C
2 0 5 2 2 2 1 2 3 0 5 3 3 3 2 3

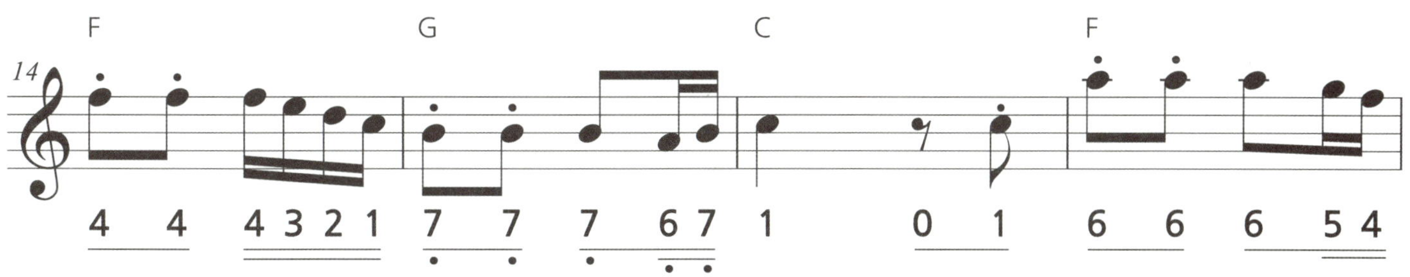
F
G
C
F
4 4 4 3 2 1 7 7 7 6 7 1 0 1 6 6 6 5 4

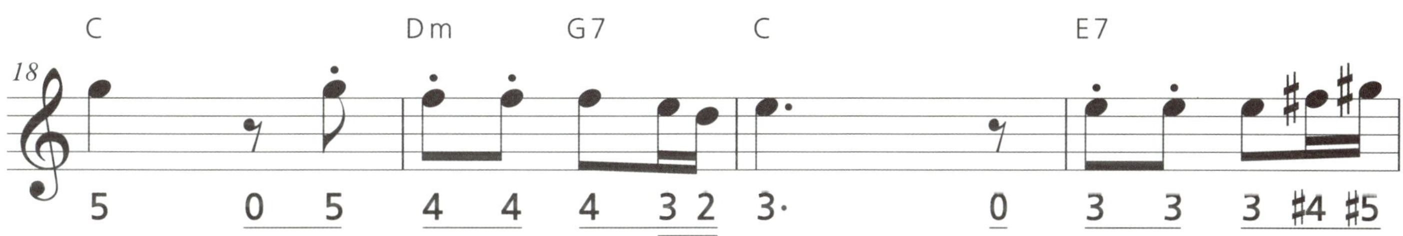
C
Dm
G7
C
E7
5 0 5 4 4 4 3 2 3· 0 3 3 3 #4 #5

Am
D7
G
C
6 3 6 6 5 #4 5 0 5 1 1 1 7 1

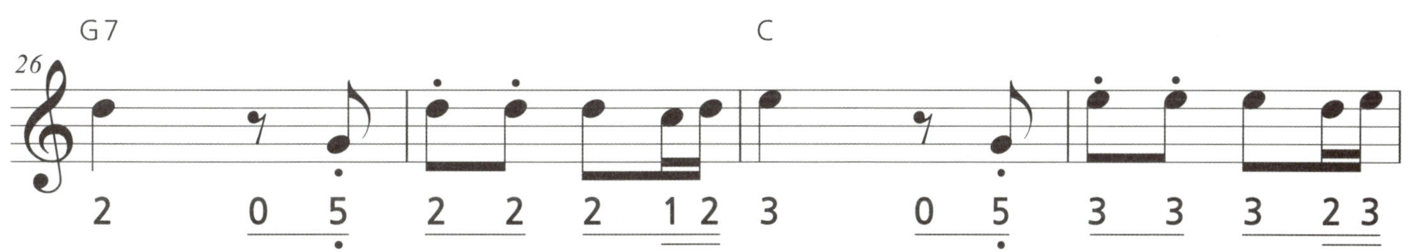
G7
C
2 0 5 2 2 2 1 2 3 0 5 3 3 3 2 3

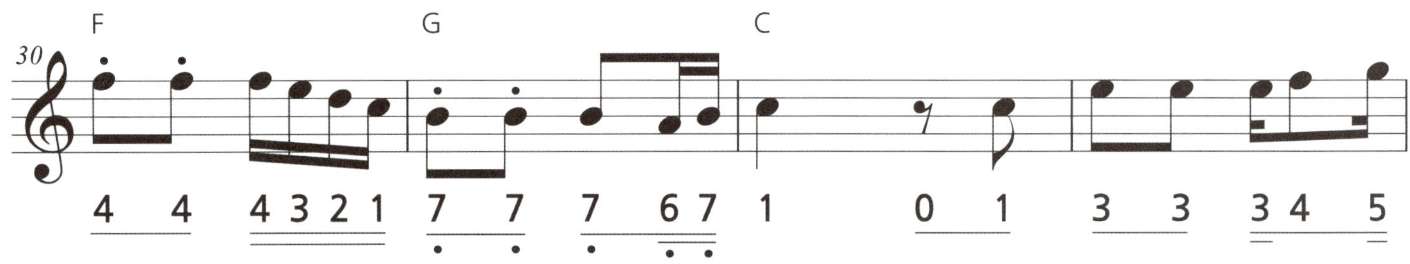
F
G
C
4 4 4 3 2 1 7 7 7 6 7 1 0 1 3 3 3 4 5

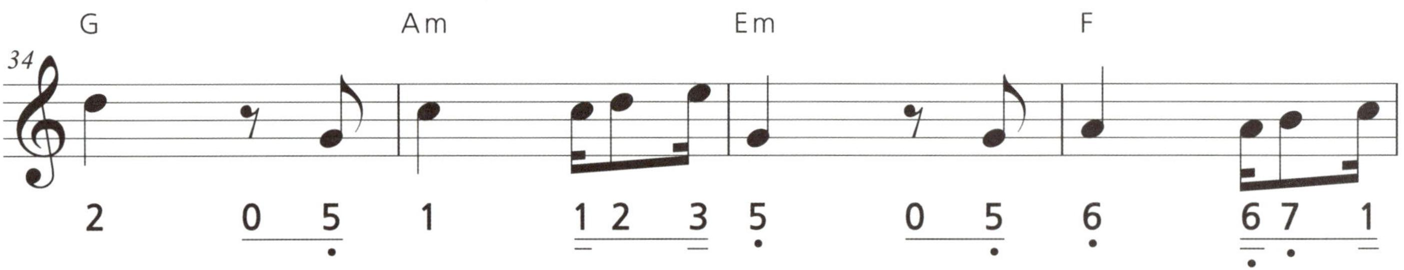
G
Am
Em
F
2 0 5 1 1 2 3 5 0 5 6 6 7 1

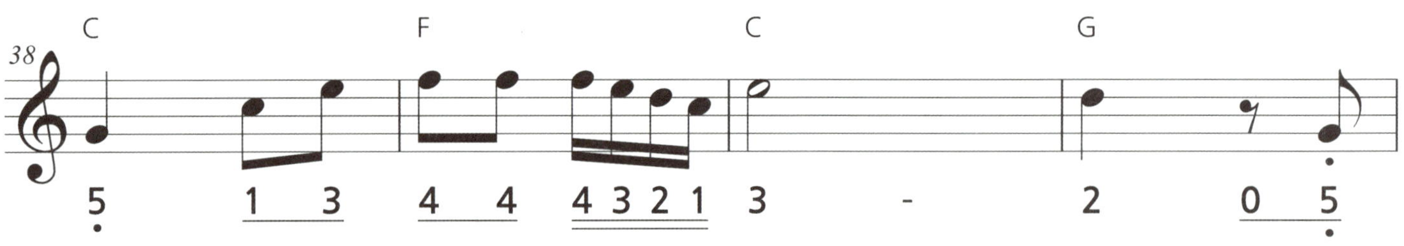
C
F
C
G
5 1 3 4 4 4 3 2 1 3 - 2 0 5

C
G7
C
1 1 1 7 1 2 0 5 2 2 2 1 2 3 0 5

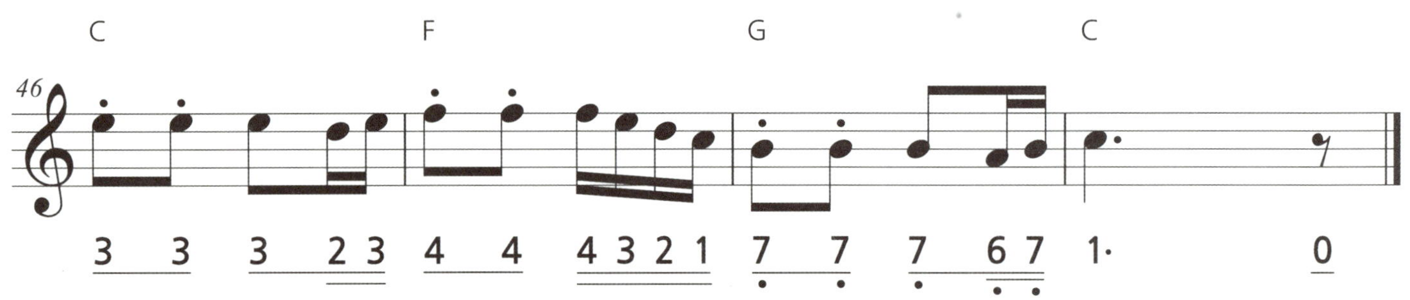
C
F
G
C
3 3 3 2 3 4 4 4 3 2 1 7 7 7 6 7 1· 0

아시타카와 산

〈모노노케 히메〉 OST

Hisaishi Joe 작곡

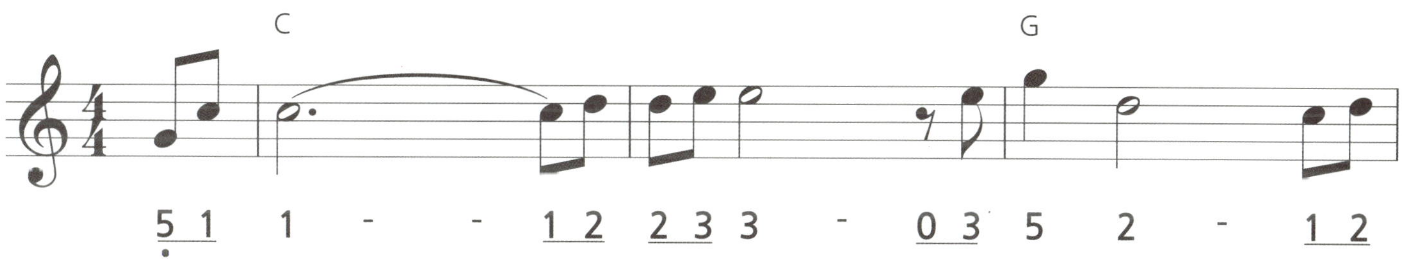

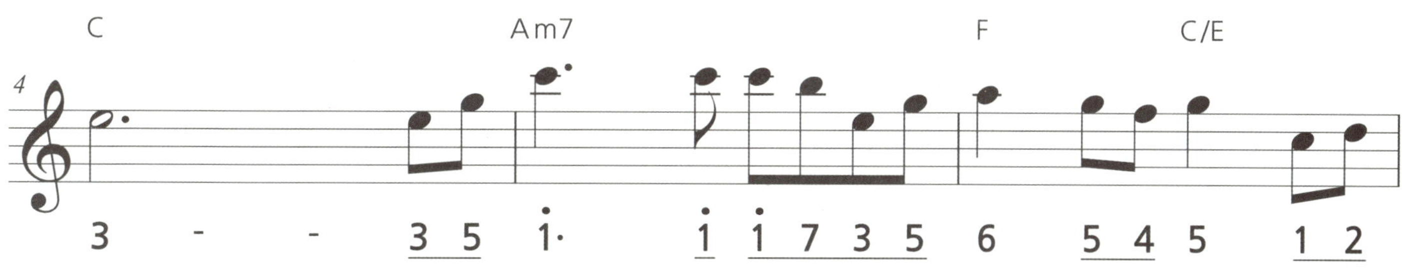

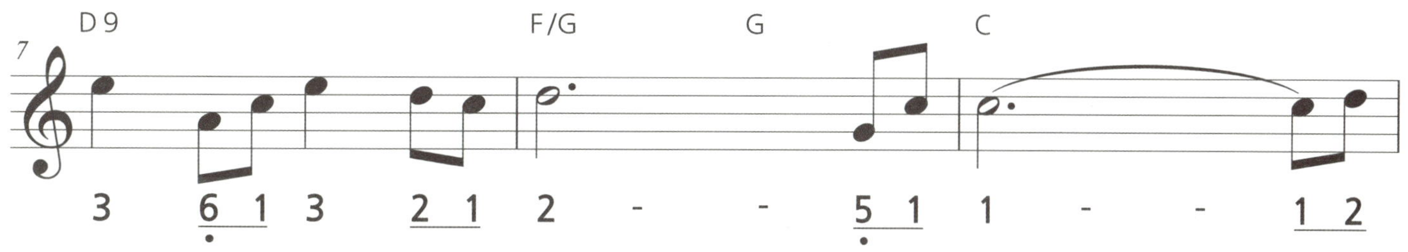

C   G   C
2 3 3 - 0 3 5 2 - 1 2 3 - - 3 5

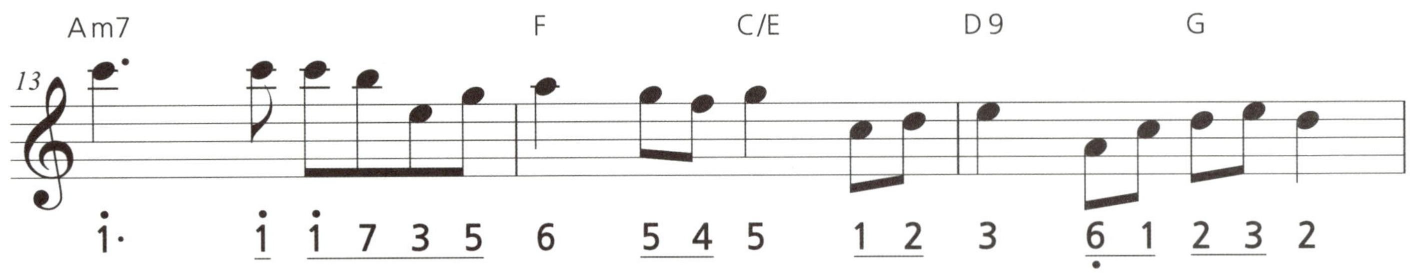

Am7   F   C/E   D9   G
1· 1 1 7 3 5 6 5 4 5 1 2 3 6 1 2 3 2

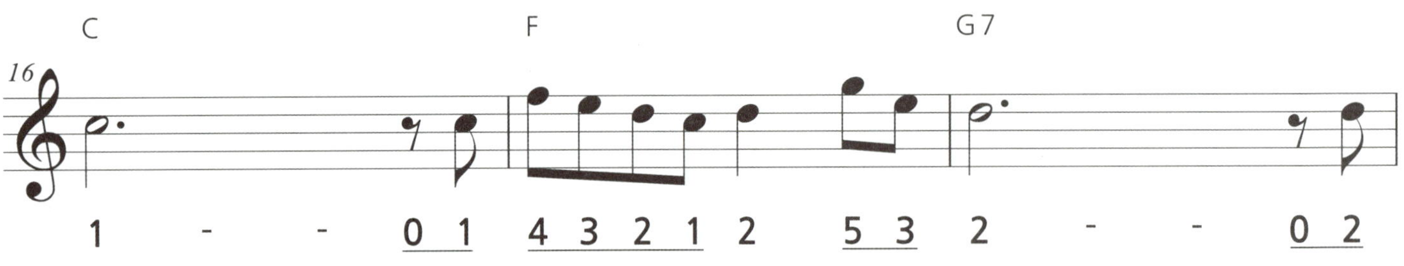

C   F   G7
1 - - 0 1 4 3 2 1 2 5 3 2 - - 0 2

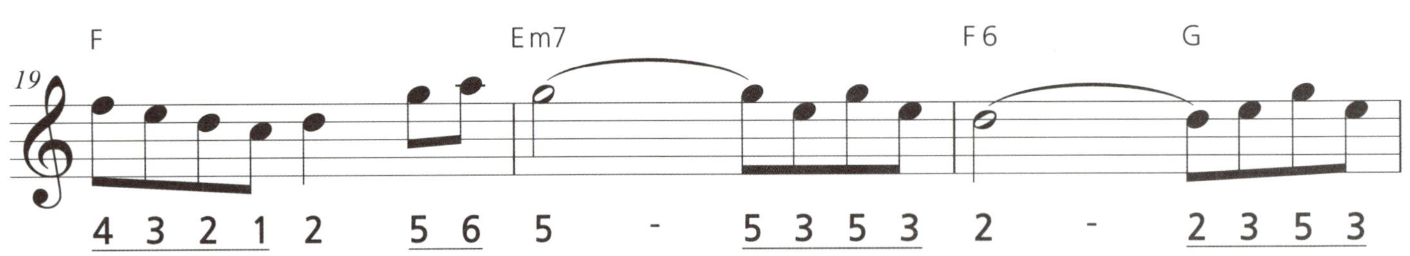

F   Em7   F6   G
4 3 2 1 2 5 6 5 - 5 3 5 3 2 - 2 3 5 3

Am   B♭M7   FM7/G
1 - 1 1 7 6 1 2 2 - - 0 3 4 6

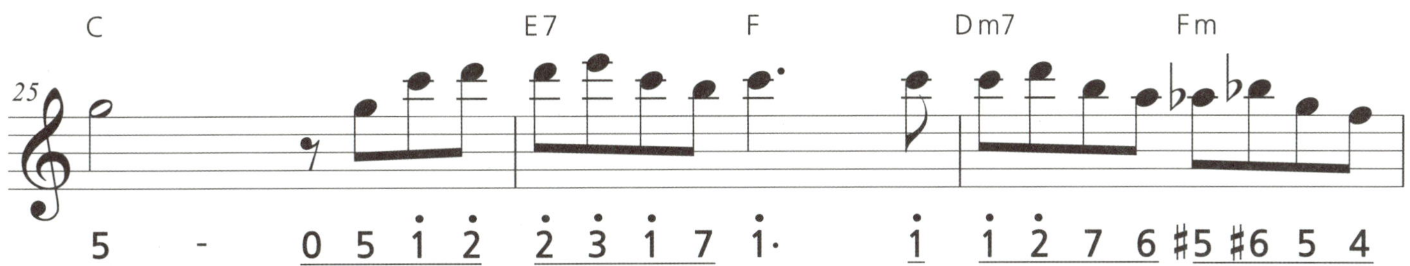

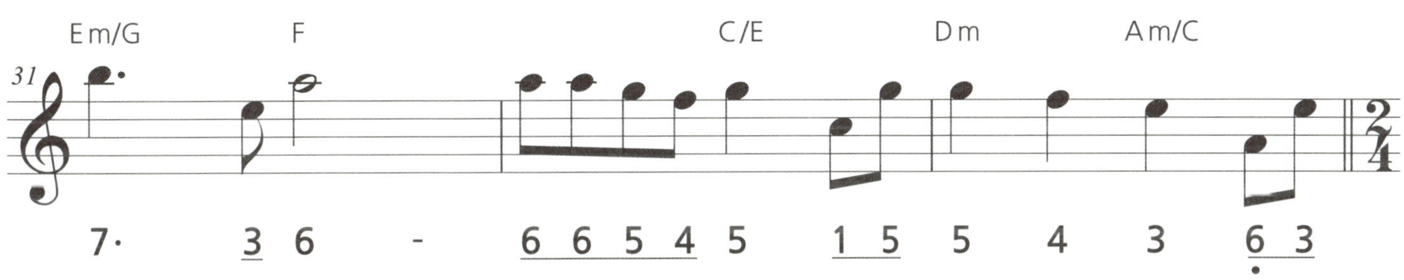
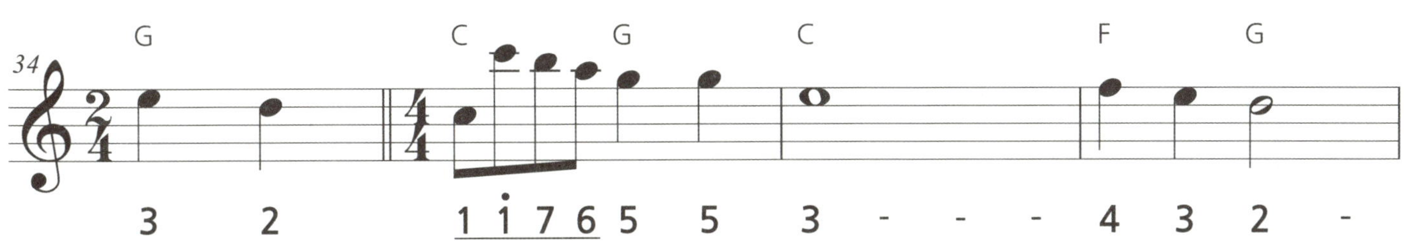
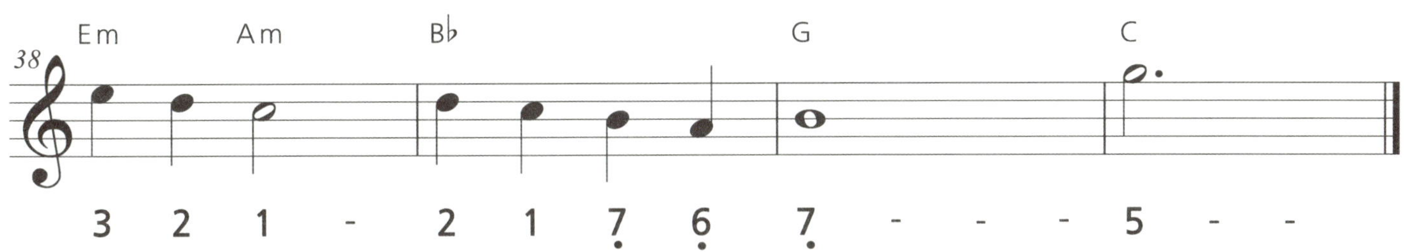

모노노케 히메

〈모노노케 히메〉OST

Miyazaki Hayao, Hisaishi Joe, Jasrac 작곡

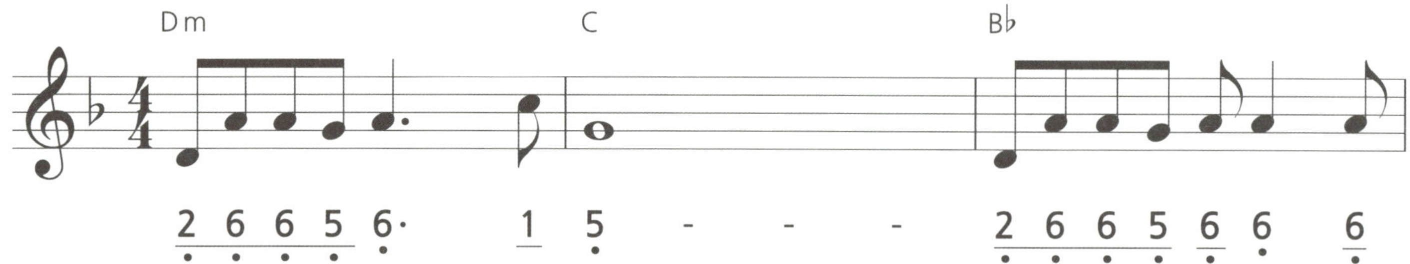

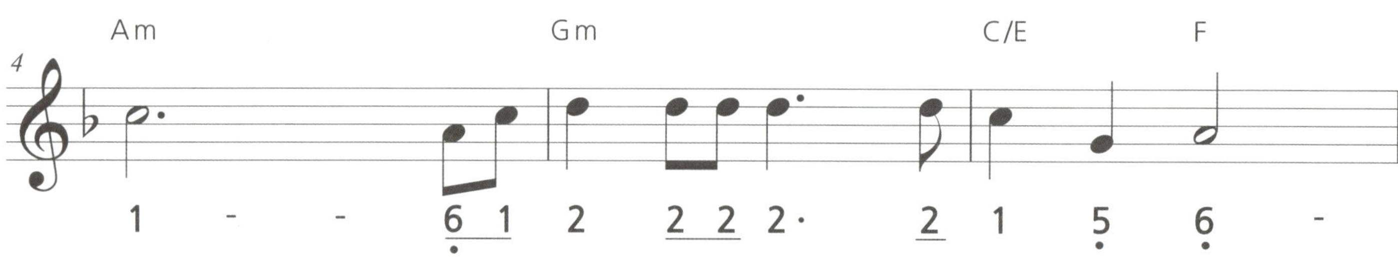

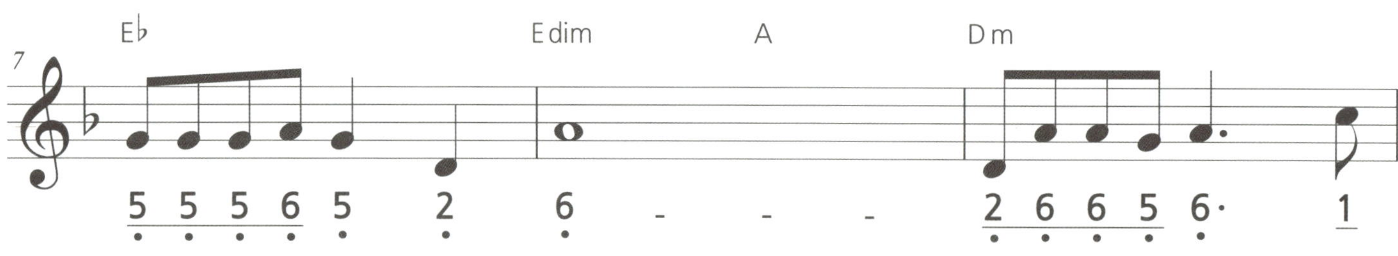

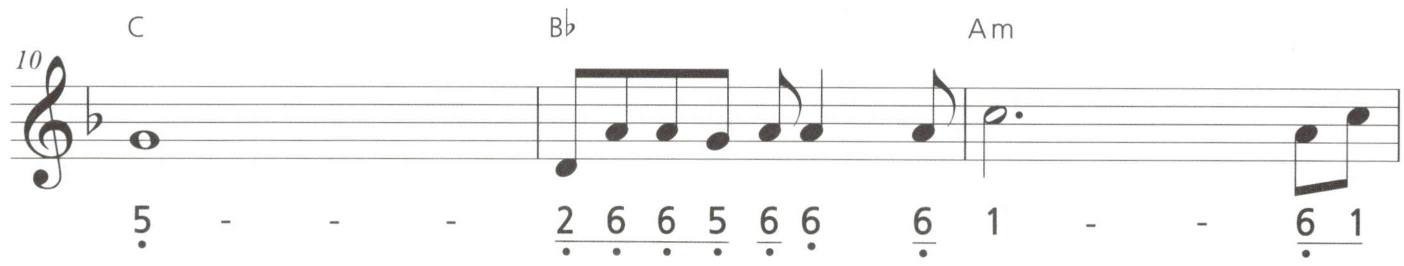

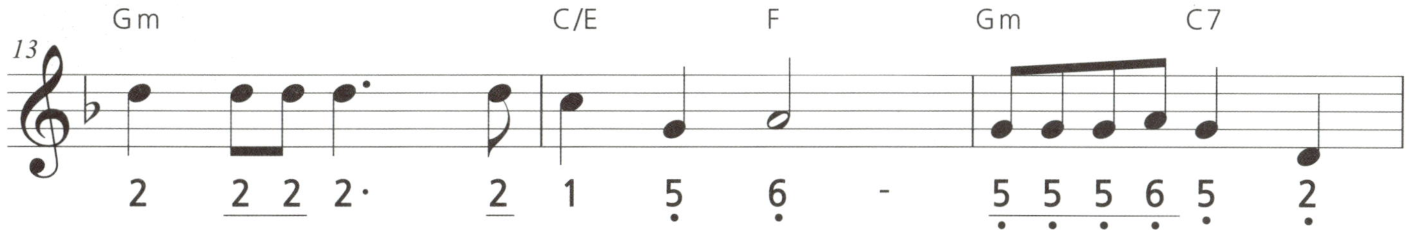
Gm   C/E   F   Gm   C7
13
2 2 2 2· 2 1 5 6 - 5 5 5 6 5 2

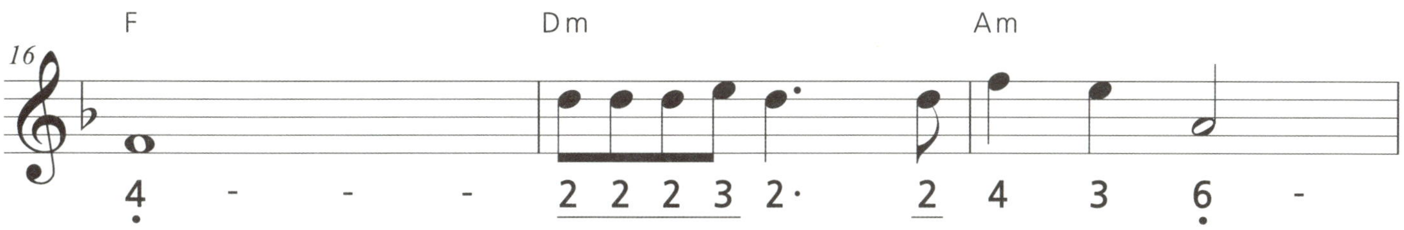
F   Dm   Am
16
4 - - - 2 2 2 3 2· 2 4 3 6 -

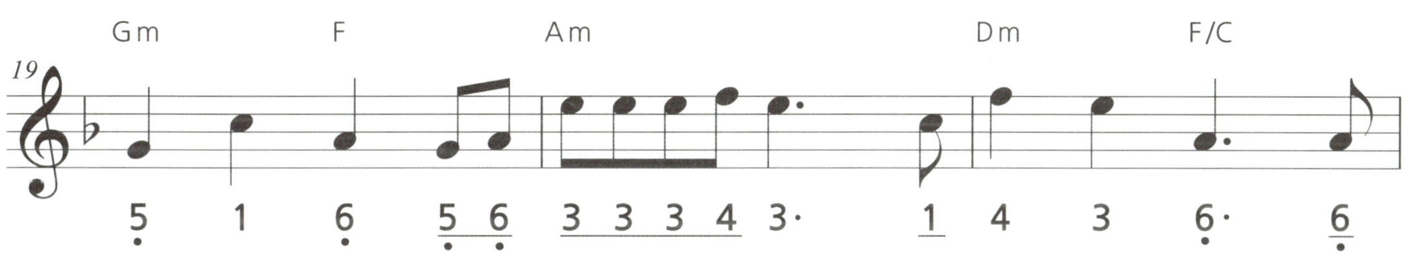
Gm   F   Am   Dm   F/C
19
5 1 6 5 6 3 3 3 4 3· 1 4 3 6· 6

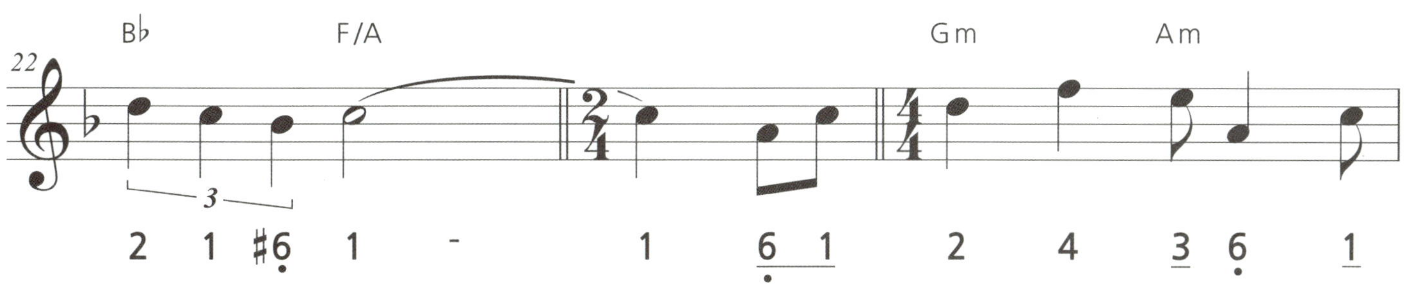
Bb   F/A   Gm   Am
22
3
2 1 #6 1 - 1 6 1 2 4 3 6 1

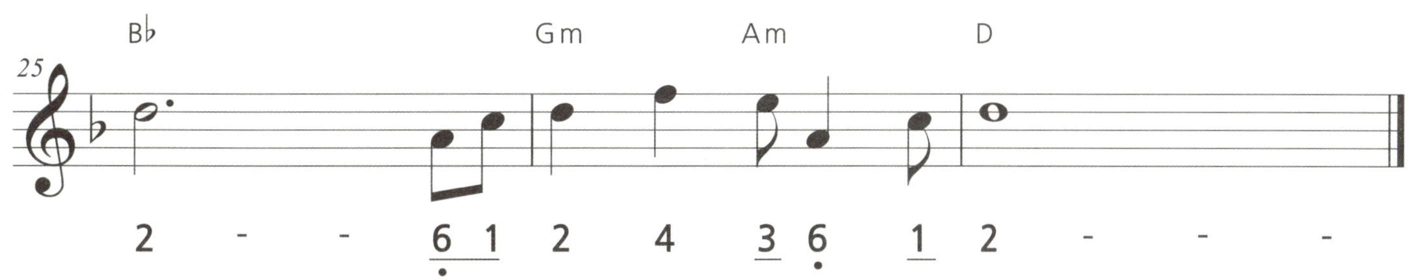
Bb   Gm   Am   D
25
2 - - 6 1 2 4 3 6 1 2 - - -

돌아갈 수 없는 날들

〈붉은 돼지〉 OST

Hisaishi Joe 작곡

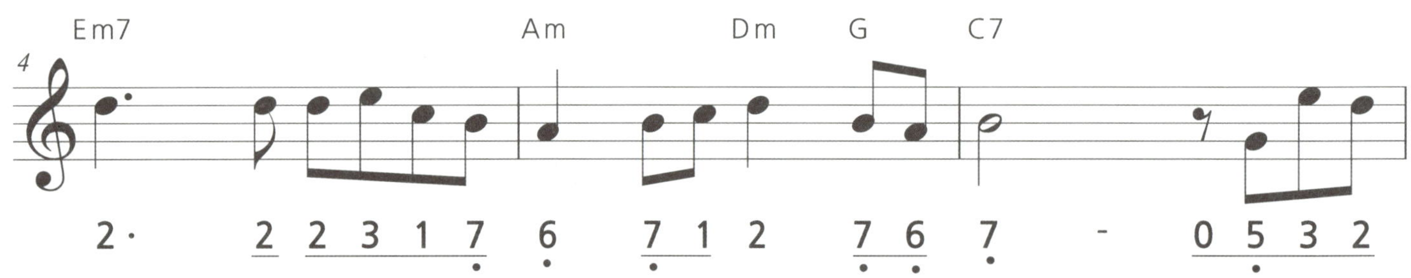

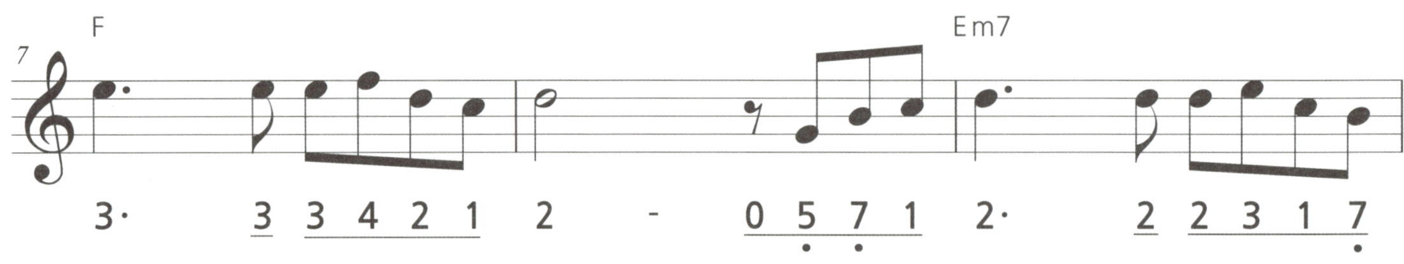

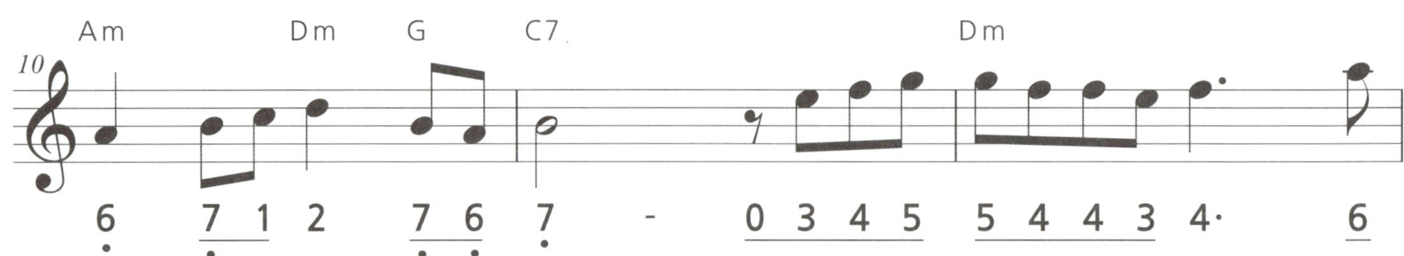

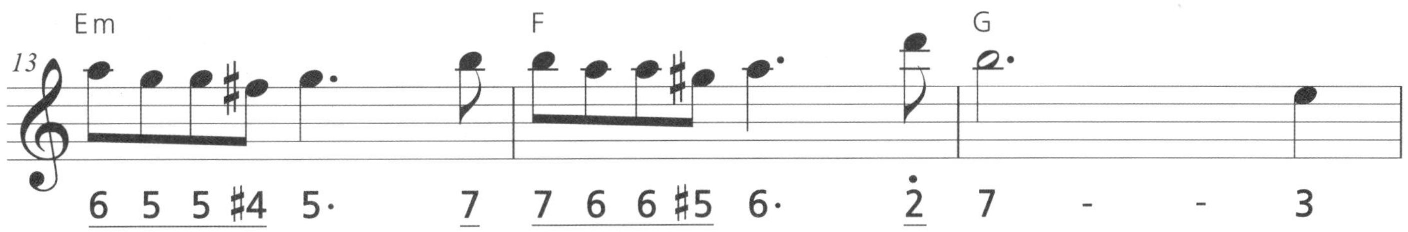

Em   F   G
13
6 5 5 #4 5·   7 7 6 6 #5 6·   2̇ 7 - - 3

F   C   Dm
16
3 - 2 3 5 3 2 1 - 0 1 7 6 5 6 6 0 0 6 5 4

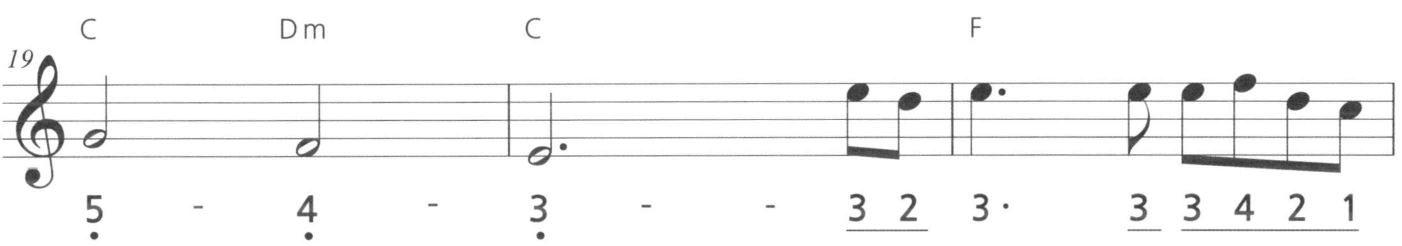

C   Dm   C   F
19
5 - 4 - 3 - - 3 2 3· 3 3 4 2 1

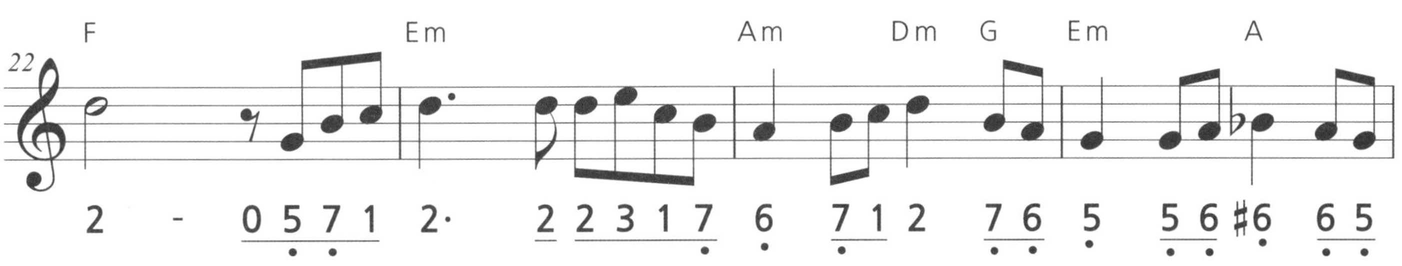

F   Em   Am   Dm G Em   A
22
2 - 0 5 7 1 2· 2 2 3 1 7 6 7 1 2 7 6 5 5 6 #6 6 5

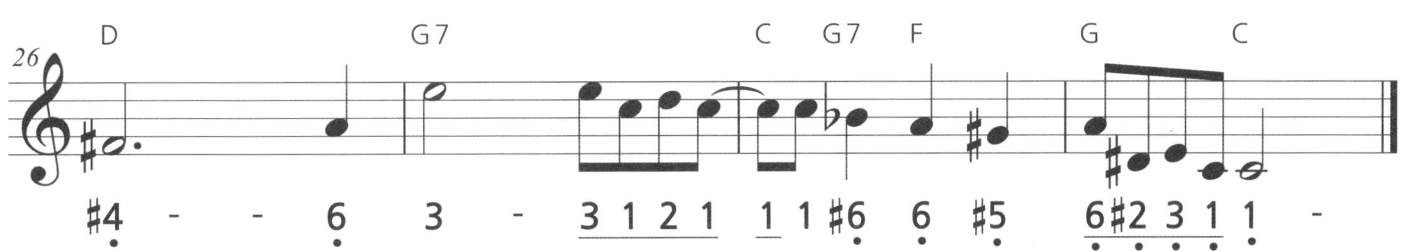

D   G7   C G7 F   G   C
26
#4 - - 6 3 - 3 1 2 1 1 1 #6 6 #5 6 #2 3 1 1 -

고양이 버스

〈이웃집 토토로〉 OST

Hisaishi Joe 작곡

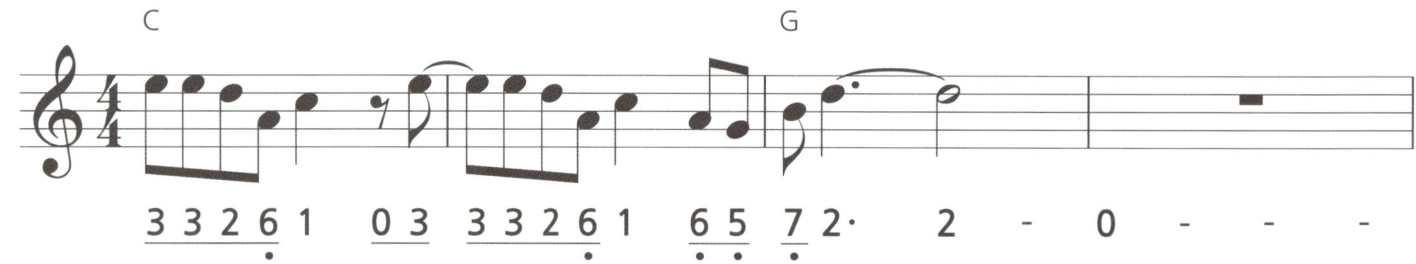

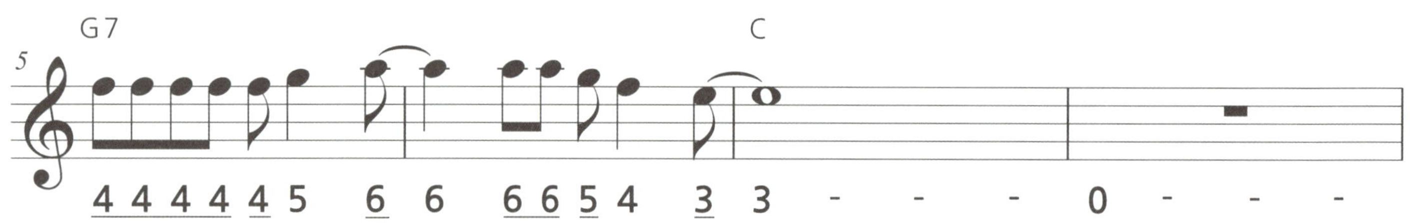

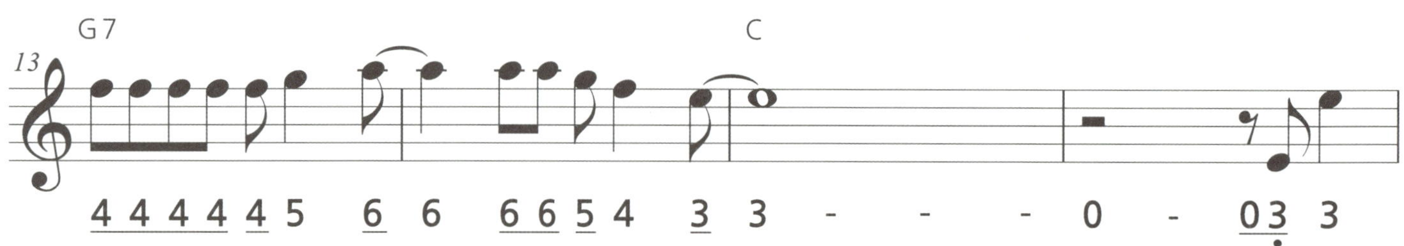

F7
6 1 2 1 #2 2 1 #2 #2 2 1 - 0 6 1 2 1 #2 2 1 #2
17

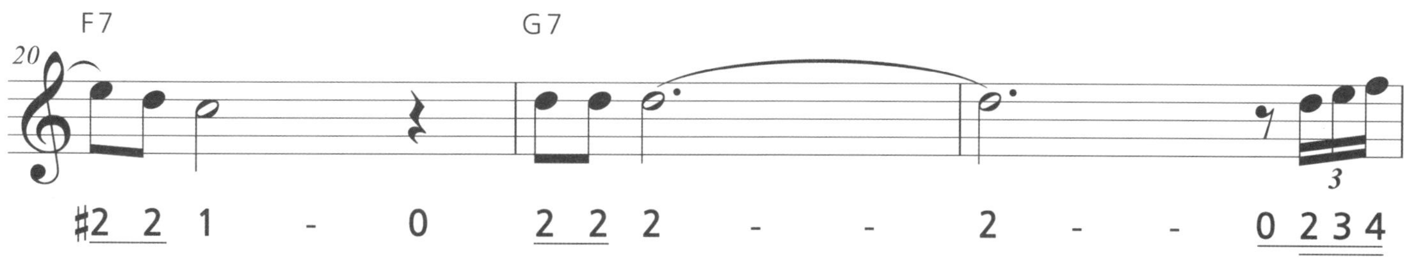

F7   G7
#2 2 1 - 0 2 2 2 - - 2 - - 0 2 3 4
20
3

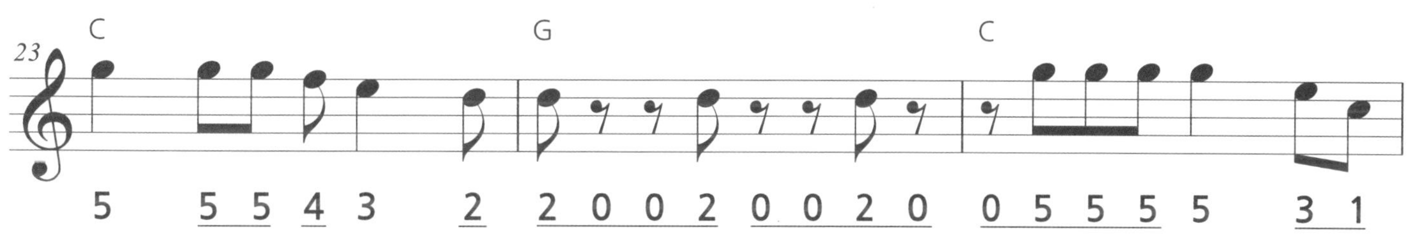

C   G   C
5 5 5 4 3 2 2 0 0 2 0 0 2 0 0 5 5 5 5 3 1
23

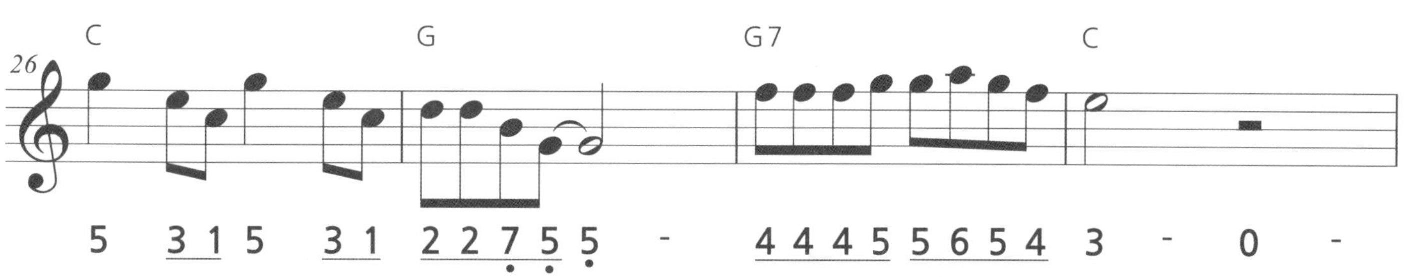

C   G   G7   C
5 3 1 5 3 1 2 2 7 5 5 - 4 4 4 5 5 6 5 4 3 - 0 -
26

C   F   C   G   C
5 3 1 5 3 1 6 6 5 4 4 0 3 3 5 5 6 3 2 1 1 1 - - -
30

홍승희
현) 수도국제대학원 음악학과 겸임교수
현) 창의예술 교육그룹 문화예술ON 대표
현) 홍승희 음악연구소 대표
현) Grace Harmonica Ensemble Cond.
Italy Gaspare Spontini 공립음악원 하모니카전공 박사
수도국제대학원 음악학과(오카리나, 하모니카) 석사
미국 뉴욕 카네기홀 초청연주
일본 도쿄 카가와현 리리아홀 초청연주
유럽 3개국(런던 / 폴란드 / 빈) 초청연주
제4회 CMS Chamber Gala Concert
Millennium Symphony Orchestra 협연

윤문선
현) 대진대학교 평생교육원 겸임교수
현) 수도국제대학원 음악교육과 겸임교수
현) 예술감성놀이터 대표삼육대학교 피아노전공
삼육대학교 피아노전공
명지대학원 음악치료학과 4학기 수료
수도국제대학원 생활음악과 석사
Italy Gaspare Spontini 공립음악원 음악교육과 박사과정
우쿨렐레 우아하신앙상블 단장
레버하프 뮤베앙상블 단장
Millennium Symphony Orchestra 협연

저서
『악보를 몰라도 숫자만 알면 텅드럼』
『인조이 칼림바 앙상블 연주곡집 1』
『처음 만나는 11키 기초 텅드럼』

혼자서도 연주하기 쉬운

스튜디오 지브리

하모니카 연주곡집

발행일 2024년 3월 20일
편저 홍승희, 윤문선

편집진행 황세빈 · **디자인** 김은경 · **사보** 전수아
마케팅 현석호, 신창식 · **관리** 남영애, 김명희

발행처 (주)태림스코어
발행인 정상우
출판등록 2012년 6월 7일 제 313-2012-196호
주소 서울시 은평구 증산로 9길 32 (03496)
전화 02)333-3705 · **팩스** 02)333-3748

ISBN 979-11-5780-381-1-13670